Barbara und Hans Otzen

Gerichte mit Geschichte –

Promirezepte vergangener Zeiten

Impressum

Barbara und Hans Otzen
Gerichte mit Geschichte – Promirezepte vergangener Zeiten

2. Auflage 2025

ein Imprint der Kraterleuchten GmbH,
Gartenstraße 3, 54550 Daun

Bei Fragen zur Produktsicherheit wenden Sie sich an:
gpsr@kraterleuchten.com

Titelbild/Collage: iStock.com/Anna Skvortsova
Lektorat: Thorsten Hanson
Korrektorat: Tim Becker
Gestaltung, Satz: Kerstin Fiebig
Umschlag: Björn Pollmeyer

Alle Abbildungen gemeinfrei, außer:
Seite 20: furmanphoto (envato.com), Seite 71: kapusnak (envato.com)
Seite 94: prosto_juli (envato.com), Seite 119: Alex9500 (envato.com)
Seite 117: motghnit (envato.com), Seite 122: NatashaBreen (envato.com)

Hergestellt in der Europäischen Union, Finidr, CZ

MIX
Papier aus verantwortungsvollen Quellen
FSC® C014138

ISBN 978-3-95540-368-3
www.regionalia-verlag.de

Barbara und Hans Otzen

Gerichte mit Geschichte

Promirezepte vergangener Zeiten

REGIONALIA
VERLAG

Inhalt

Vorwort 6

Eine Hülsenfrucht macht Weltgeschichte

Diogenes von Sinope (um 412 – 323 v. Chr.) · Linsengericht 8

Erinnert an einen Heiligen

Martinus von Tours (316/17 – 397) · Martinsgans 13

Hat eine lange Geschichte

Ernst von Sachsen (1441 – 1486) und Ernst von Sachsen (1443 – 1500) · Christstollen 17

Eine süße Leckerei

César de Choiseul, 1er duc de Choiseul, Vicomte de Saint-Jean (1598 – 1675) · Praline 20

Füllung und Sauce

François-Pierre de La Varenne (1618 – 1678) · Duxelles 23

Bis heute eine Grundsauce in der Küche

Louis de Béchameil, Marquis de Nointel (1630 – 1703) · Béchamelsauce 26

Ein Braten mit feiner Sauce

Fürst Nikolaus I. Joseph Esterházy de Galantha (1714 – 1790) · Rostbraten 30

Eine feine Zwiebelsauce

Gattin des Marschall Soubise (1715 – 1787) · Sauce Soubise 33

Das berühmteste Pausenbrot aller Zeiten

John Montagu, 4. Earl of Sandwich (1718 – 1792) · Sandwich 36

Nicht nur Kartoffeln gekonnt zubereitet

Apotheker Antoine Auguste Parmantier (1737 – 1813) · à la parmentière 40

Ein reichhaltiger Eintopf

Freiherr Franz von der Trenck (1711 – 1749) · Pichelsteiner 44

Blumenkohl auf neue Art

Madame du Barry (1743 – 1793) · Blumenkohlsuppe 47

Traditioneller geht es nicht

Johann Wolfgang von Goethe (1749 – 1832) · Frankfurter Grüne Sauce 50

Ein neuartiger Nachtisch

Ferdinand von Trauttmannsdorff (1749 – 1827) · Milchreis 52

Einst Armenspeise – heute Küchen-Klassiker

Reichsgraf Rumford (1753 – 1814) · Kartoffelsuppe 54

Das Gericht einer Lebedame

Amy Lyon, spätere Lady Hamilton (1765 – 1815) · Seezunge 57

Ein Meisterstück der Wiener Küche

Josef Wenzel Radetzky von Radetz (1766 – 1858) · Wiener Schnitzel 60

Die Lieblingsspeise eines Kriegshelden

Arthur Wellesley, 1. Herzog von Wellington (1769 – 1852) · Filet 64

Ein Riesensteak für England
Francois René de Châteaubriand (1768 – 1848) · Steak 70
Auf die schnelle Zubereitung kommt es an
Graf Grigori Alexandrowitsch Stroganoff (1770 – 1857) · Rinderfiletstreifen 73
Eis von der feinen Sorte
Hermann Ludwig Heinrich Fürst von Pückler-Muskau (1785 – 1871) · Fürst-Pückler-Eis 76
Eier, Öl, Essig, Gürkchen und Senf
Alexandre Dumas, eigentlich Marquis Davy de la Pailleterie (1802 – 1870) · Sauce Dumas 79
Ein Geschenk für einen Fürsten
Otto von Bismarck (1815 – 1898) · Hering 82
Zwei Marmeladenschichten zum Glück
Franz Sacher (1816 – 1807) · Torte 84
Das Leibgericht der »Grauen Eminenz«
Friedrich August Karl Ferdinand Julius von Holstein (1837 – 1909) · Schnitzel Holstein 88
Er liebte seine überbackenen Austern
John Davison Rockefeller (1839 – 1937) 91
Ein Missgeschick mit entflammter Marinade
Prince of Wales (Edward VII 1841 – 1910) · Crêpes Suzette 94
Typisch englisch – nein, eine deutsche »Erfindung«
Herzog von Cumberland (1845 – 1923) · Johannisbeergeleesauce 97
Die schöne Helena
Auguste Escoffier (1846 – 1935) · Birne Helene 100
Ein »Missgeschick« auf dem Land
Kaiser Franz Joseph I. (1830 – 1916) · Kaiserschmarrn 104
Die bekannteste aller Pizzen
Königin Margarethe (1851 – 1926) · Pizza Margherita 106
Nicht 1000 Inseln, sondern 1000 Zutaten
George C. Boldt (1851 – 1916) · 1000 Island Dressing 108
Der Pfirsich der »Australischen Nachtigall«
Nellie Melba (Helen Mitchell, 1861 – 1931) · Pfirsich Melba 111
Vom berühmten Koch des Waldorf Astoria Hotel
Oscar Tschirky (1866 – 1950) · Waldorfsalat 113
Sehr fein, aber nicht mehr erlaubt
Lady Curzon (Mary Victoria Leiter, 1870 – 1906) · Schildkrötensuppe 117
Diese Torte macht ein Provinznest berühmt
Père Tatin (1898) · Tarte Tatin 119
Aus der Not geboren
Cesare Cardini (1896 – 1956) · Caesarsalat 122
Aus Bruchkeks gezaubert
Josef Nickerl (1905) · Zaunerstollen 124

VORWORT

»Essen und Trinken hält Leib und Seele zusammen« – Dieses Sprichwort gilt nicht nur für die armen Leute, die permanent um ihre Existenz kämpfen müssen, sondern in besonderem Maße für die Privilegierten, die Essen und Trinken zum Genuss machen. Die Lust an Speisen und Getränken hat Spuren in der Weltgeschichte hinterlassen. Über Jahrtausende haben die Großen aus Kunst, Kultur und Politik ihre Vorlieben für ihre Leibgerichte publik gemacht, privat bei Einladungen und öffentlich bei großen Banketten präsentiert. Das meiste davon ist uns verborgen geblieben, weil es nicht dokumentiert worden ist. Dennoch ist vieles bekannt geworden, weil mit der Entwicklung der Medien solche Informationen ein immer größeres Publikum erreicht haben. Das erste Kochbuch stammt aus römischer Zeit, die Anleitungen zur Essens- und Getränkezubereitung nehmen seit dem Mittelalter immer umfangreichere Formen an. In die Kochbücher der letzten Jahrhunderte sind dann auch zunehmend Rezepte aufgenommen worden, die von mehr oder weniger berühmten Persönlichkeiten ihrer Zeit stammen. Da schmeichelten Köche ihren Herren, indem sie ihre Gerichte mit dem Namen ihres Herrn versahen. Da gab es Lebedamen in hoher Gesellschaft, deren Leibgerichte Eingang in die Geschichte fanden. Da gab es findige Köche und clevere Lehrlinge, die aus ihren Pannen neue Kreationen entwickelten, die heute zu den Klassikern der Kochkunst zählen. All diese Geschichten und Histörchen finden Eingang in dieses Buch über Promi-Rezepte vergangener Tage.

Die Autoren wünschen viel Freude bei der Lektüre
und gutes Gelingen beim Nachkochen!

Barbara und Hans Otzen

Eine Hülsenfrucht macht Weltgeschichte

Diogenes von Sinope (um 412 – 323 v. Chr.) · Linsengericht

Der griechische Philosoph Diogenes von Sinope (* um 412, † um 323 v. Chr. in Korinth oder Athen) trägt den Namen seiner Geburtsstadt in Kleinasien am Schwarzen Meer. Als Sohn des Geldwechslers Hikesias musste er zusammen mit seinem Vater in den 360er-Jahren Sinope wegen Falschmünzerei verlassen und gelangte nach Athen, wo er Schüler des Kynikers Antisthenes wurde. Über seinen Lebenslauf ist wenig bekannt, die Anekdoten und Legenden, die sich um ihn ranken, stammen alle aus viel späterer Zeit. Eine davon wird von Plutarch, der mehrere Jahrhunderte nach ihm lebte, überliefert. Danach soll Diogenes mit Alexander dem Großen zusammengetroffen sein. Dieser habe ihn freundlich gegrüßt und gefragt, was er für ihn tun könne. Darauf soll Diogenes geantwortet haben: »Geh mir aus der Sonne!«. Damit ist schon viel über die Lebenseinstellung des Diogenes gesagt.

Der Kynismus war eine vom Sokratesschüler *Antisthenes* begründete griechische Philosophenschule, die durch Diogenes große Verbreitung fand. Diese Lehre entstand vor dem Hintergrund der Machtausweitung Alexanders des Großen, der den griechischen Kleinstaaten ihre Selbständigkeit nahm. In der Konsequenz erachteten die Kyniker nur die Selbstgenügsamkeit als tugendhaft. Sie propagierten eine natürliche, bedürfnislose Lebensweise und lehnten traditionelle Normen und Gesetze, den Staat und die Religion ab. Sie versammelten sich regelmäßig im *Kynosarges, einem der Athener Gymnasien*. Im Laufe der Zeit wurden die Kyniker nach diesem Ort benannt, vielleicht aber auch danach, dass sie gelegentlich in den sonst als Hundehütten (griechisch *kyon* = Hund) verwendeten alten Vorratskrügen schliefen. Daraus entwickelte sich das Vorstellungsbild von »Diogenes« in der Tonne.

Ganz im Sinn der von ihm propagierten Lehre führte Diogenes ein Leben in Armut. Demonstrativ stellte er sich den Einschränkungen des einfachen Lebens, auch indem er sich die Tonne als Wohnstatt aussuchte. Sein Hab und Gut soll aus einem Mantel und einem Rucksack mit dem Nötigsten bestanden haben. Ernährt hat er sich von rohem Gemüse, wild gewachsenen Kräutern, Bohnen, Oliven, Feigen, einfachem Gerstenbrot – und vor allem Linsen, die er vor seiner Tonne öffentlich verzehrte. Linsen waren in der damaligen griechischen Lebenswelt als Armenspeise bei den »oberen Tausend« verpönt, und gerade deshalb nahm er sie demonstrativ zu sich.

Eine weitere Anekdote, die über Diogenes berichtet wird, handelt von seiner Vorliebe für diese Linsen. So soll der Philosoph Aristippos, dessen Lehren grundsätzlich von denen des Diogenes abwichen, an seiner Tonne vorbeigekommen sein und verächtlich zu ihm gesagt haben: »Wie bedauerlich für dich, Diogenes (...) Wenn du lernen würdest, etwas unterwürfiger zu sein und dem König ein wenig mehr zu schmeicheln, dann müsstest du nicht immer nur Linsen essen.« Diogenes hörte auf zu essen, hob sein Haupt und blickte Aristippos fest in die Augen. Er erwiderte: »Bedauerlich für dich, Aristippos. Wenn du gelernt hättest, mit Linsen auszukommen, müsstest du nicht so unterwürfig sein und dem König ständig schmeicheln.«

Heute kann uns das alles nicht mehr passieren. Wenn auch vom Mittelalter bis in die Neuzeit Linsen weiterhin als Armenspeise galten, hat man doch heute längst ihren kulinarischen Wert erkannt und weiß die Hülsenfrüchte auf allerlei Weise zuzubereiten. Nachfolgend ein Beispiel …

REZEPT
Exotischer Linsensalat

Zutaten (für 4 Personen)

250 g Tellerlinsen · 750 ml Brühe · 1 Staudensellerie
2 EL Essig · 2 EL Öl · 1 gehäufter TL Salz · 1 gehäufter EL Zucker
1 TL Senf · nach Geschmack 1 EL Sojasauce
Petersilie

ZUBEREITUNG

1. Die Linsen etwa 30 Minuten in Brühe garen.
2. Den Wurzelansatz des Staudenselleries und das Grün abschneiden, die Stangen waschen, mit dem Spargelschäler schälen und in gewünschter Menge klein würfeln.
3. Eine Vinaigrette aus Essig, Öl, Zucker, Salz und Senf bereiten.
4. Die Selleriewürfel und die Vinaigrette unter die noch lauwarmen, gut abgetropften Linsen heben.
5. Für einen exotischen Touch sorgt die Zugabe von Sojasauce.
6. Zum Anrichten den Linsensalat in Schüsseln füllen, gehackte Petersilie darüber streuen und mit Fladenbrot servieren.

THEMA
Linsen

Am Ende der letzten Eiszeit mussten sich die Menschen im Mittleren Osten von der vormals überwiegend tierischen Ernährung auf pflanzliche Ernährung umstellen. Dazu zählten auch Linsen. Die Domestikation dieser Nahrungspflanze erfolgte im Zuge der beginnenden Sesshaftigkeit der Menschen und dem damit zusammenhängenden Ackerbau. Unsere heutigen Kulturlinsen (*Lens culinaris*) stammen aller Wahrscheinlichkeit von der Wildlinse (*Lens orientalis*) aus Kleinasien ab. Erste Funde von Kulturlinsen lassen sich im Südosten Europas auf die Zeit um 7000 v. Chr., in Mitteleuropa auf die Zeit um 5500 v. Chr. datieren. Im Fruchtbaren Halbmond zwischen Mesopotamien über Palästina bis Ägypten entwickelten sich die Linsen schon bald zu einem Grundnahrungsmittel. So kennt auch die Bibel Linsen, wie es der Genesis Kap. 25, Vers 29-34 zu entnehmen ist. Hier wird beschrieben, was heute unter dem Begriff »Linsengericht« bekannt ist. Dort heißt es:

29: Und Jakob kochte ein Gericht. Da kam Esau vom Feld und war müde
30: und sprach zu Jakob: Lass mich schnell von dem Roten {= Linsen} *essen, dem Roten da; denn ich bin müde.*
31: Aber Jakob sprach: Verkaufe mir zuvor deine Erstgeburt.
32: Esau antwortete: Siehe, ich muss doch sterben; was soll mir da die Erstgeburt?
33: Jakob sprach: So schwöre mir zuvor. Und er schwor ihm und verkaufte so Jakob seine Erstgeburt.
34: Da gab ihm Jakob Brot und das Linsengericht, und er aß und trank und stand auf und ging davon. So verachtete Esau seine Erstgeburt.

Linsen sind die Samen des Linsenstrauchs. Der Linsenstrauch ist eine krautige Pflanze mit Wuchshöhen bis 50 Zentimeter. Die Hauptachse ihrer Fiederblätter endet in einer Ranke. Aus den traubigen Blüten entwickeln sich 10 bis 15 Millimeter lange Hülsenfrüchte mit flachen Samen von 3 bis 7 Millimetern Durchmesser. Getrocknet stellen die Linsensamen ein lang haltbares, nährstoffreiches Lebensmittel dar, das aufgrund dieser Eigenschaften beispielsweise von den Römern vor allem auch zur Truppenverpflegung genutzt wurde.

Im Mittelalter war der Linsenanbau in Mitteleuropa weit verbreitet. Ihre Genügsamkeit ließ sie auch auf weniger guten Böden gedeihen, wie etwa auf der Schwäbischen Alb. So waren Linsen zu dieser Zeit fester Bestandteil der Ernährung aller Bevölkerungsschichten, galten aber vor allem als Armenspeise, die als Suppe oder Brei verzehrt wurde. Auch Diogenes nahm übrigens gern Linsenbrei zu sich. Das Stroh der Linsenpflanze diente wegen des geringen Rohfaser- und hohen Proteinanteils als Tierfutter. Auch im *Capitulare de villis*, der Landgüterverordnung Karls des Großen, wurden Linsen genannt. Im Kräuterbuch *Macer floridus*, einem »Standardwerk« aus dem 11. Jahrhundert, sind verschiedene Zubereitungen erwähnt, die *bei Blutstuhl und Bauchgrimmen* helfen und *heilen die Wahnwitzigen und nützen der Fußgicht.*

Der Anbau von Linsen erfolgt meist in Mischkultur mit Getreide, an deren Stängeln sich die Linsenranken festkrallen können. Nach der Ernte mit dem Mähdrescher müssen die Linsen in einem aufwändigen Verfahren von den Getreidekörnern getrennt werden. Die ist einer der Gründe dafür, dass der Linsenanbau in Mitteleuropa unwirtschaftlich wurde. Die Hauptanbaugebiete von Linsen bestehen heute in überseeischen Ländern. An die 50 Linsensorten werden angebaut. Am weitesten verbreitet sind Braune und Grüne Tellerlinsen, kleinere Rote Linsen, Berglinsen, Gelbe Linsen und die ganz kleinen Belugalinsen.

Erinnert an einen Heiligen

Martinus von Tours (316/17 – 397) · Martinsgans

Martin von Tours (316/17 – 397), dritter Bischof von Tours, wurde als Sohn eines römischen Militärtribuns in Savaria, der römischen Provinz Pannonien geboren und starb in Candes bei Tours Als Sohn eines römischen Offiziers musste er auch eine militärische Laufbahn beginnen. Während seiner kriegerischen Einsätze kam er mit dem Christentum in Berührung, das sich auch unter den Soldaten ausbreitete. Schon bald fühlte er sich mehr als Soldat Christi, denn als Soldat des Kaisers. Aber eine Verabschiedung aus dem Militärdienst wurde ihm erst nach 25 Jahren Militärdienst gewährt. Er führte von jetzt an ein asketisches Leben und gründete die ersten Klöster des Abendlandes. Anfang der 370er-Jahre wurde er zum Bischof von Tours ernannt und schon bald nach seinem Tod heiliggesprochen.

Um den heiligen Martin ranken sich viele Legenden. Die bekannteste darunter ist die vom geteilten Mantel. Danach traf er im Winter auf einer Straße einen spärlich bekleideten Bettler, der ihn um eine milde Gabe bat. Daraufhin teilte Martin seinen Mantel mit dem Schwert und gab dem Bettler eine Hälfte des Mantels. In der folgenden Nacht erschien Martin Jesus Christus im Traum und gab sich als der Bettler zu erkennen. Dieses Traumereignis soll Martin dazu bewegt haben, den christlichen Glauben anzunehmen. Die Legende vom geteilten Mantel machte Martin zum Sinnbild der Barmherzigkeit und Nächstenliebe und zum Schutzpatron der Armen, aber auch der Bettler, Soldaten, Flüchtlinge oder Waffenschmiede.

Eine weitere Legende besagt, dass sich der bescheidene Martin versteckte, um nicht zum Bischof geweiht zu werden. Doch das Geschnatter von Gänsen verriet ihn. Seither gilt die Gans als eines seiner Heiligenattribute und am Martinstag wird gern ein Gänseessen gegeben. Der Martinstag ist der 11. November. Zwar starb der heilige Martin schon am 8. November 397, doch wurde er am 11. November unter großer Beteiligung der Bevölkerung beerdigt. Seitdem ist der 11. November sein Gedenktag.

Eine weitere Erklärung für das traditionelle Gänseessen am 11. November ist noch in einer anderen Tradition zu finden. Danach wechselten Mägde und Knechte gern ihre Arbeitsstelle am Ende des Jahres. Zum Abschied war es Brauch, dass der Bauer ihnen eine Gans schenkte. Der Martinstag war nun eine der letzten Gelegenheiten für ein Festmahl, bevor die früher übliche vorweihnachtliche Fastenzeit begann.

Auch Laternenumzüge sind am Martinstag traditionell üblich. Heute werden diese vor allem von Kindergärten veranstaltet. Dieses Laternenfest erinnert an die Lichterprozession zur Überführung des toten Heiligen mit einem Boot nach Tours. Und dass der Karneval in vielen deutschen Städten und Gemeinden am 11. November beginnt, hängt auch mit dem heiligen Martin zusammen. An seinem Tag, dem Martinstag, dem letzten Tag vor der früheren Fastenzeit, konnte noch einmal ausgiebig gefeiert werden. Diese Tradition haben die Karnevalisten gern übernommen, die Fastenzeit aber weit nach hinten verschoben ...

REZEPT
Weihnachtliche Martinsgans

Zutaten (für 4 – 6 Personen)

1 küchenfertige Eifeler Gans (ca. 3,5 kg) · 1 Zitrone
Pfeffer, Salz · 2 Zwiebeln · 150 g Maronen · 30 g Butter
50 g Schinkenspeck in Würfeln · 400 ml Gemüsebrühe
1 Packung Kloßmehl für Klöße halb und halb (12 Stück)
100 g Crème fraîche · 325 g Maiskörner · je 1 Messerspitze
Muskatnuss, Piment, Nelken · 2 EL Rapsöl 1 EL Honig
100 ml süße Sahne · 2 TL Semmelbrösel
2 TL geriebene Nüsse

ZUBEREITUNG

1. Die Gans heiß abwaschen und trocken tupfen.
2. Die Zitrone auspressen und die Gans innen und außen mit der Hälfte des Zitronensaftes, Salz und Pfeffer einreiben.
3. Die Maronen kreuzweise einritzen, den Kern dabei möglichst nicht verletzen, in kaltem Wasser aufsetzen und ab dem Siedepunkt 4 Minuten blanchieren, danach abschütten und pellen.
4. Die Zwiebeln fein würfeln, die Maronen gut abtropften lassen.
5. Den Speck im Fett zerlassen und die Zwiebeln darin hellbraun braten. Dann die Maronen kurz mitbraten, alles mit Brühe angießen, das Kloßmehl einrühren, Gewürze, Maiskörner samt Sud und Crème fraîche zugeben, alles in die Gans füllen und diese zustecken.
6. Die Gans mit Öl bestreichen und in einen Bratenschlauch schieben. Den Schlauch oben einstechen.

7. Den Backofen auf 180° Celsius vorheizen. Die Gans auf einen kalten Rost mit der Fettpfanne darunter setzen und zweieinhalb Stunden braten.
8. Den Bratenschlauch aufschneiden, den restlichen Zitronensaft mit Honig mischen und auf die Gans streichen, die nun weiter brät, bis die Haut kross ist.
9. Den Fond mit etwas Wasser lösen, in eine Pfanne gießen, mit der Sahne, den Bröseln und den Nüssen aufkochen.
10. Anrichten
11. Zu dieser Martinsgans passen verschiedene Beilagen, so Kartoffeln und Rotkohl oder Rosenkohl.

Hat eine lange Geschichte

Ernst von Sachsen (1441 – 1486) und Ernst von Sachsen (1443 – 1500) · Christstollen

Die Tradition des Dresdner Christstollen lässt sich bis in das 14. Jahrhundert zurückverfolgen. Die erste urkundliche Erwähnung erfolgte 1474 auf einer Rechnung des christlichen Bartolomai-Hospitals. Die auch »Christbrod« genannte adventliche Fastenspeise, die das in Windeln gewickelte Jesuskind darstellen soll, durfte entsprechend den kirchlichen Regeln nur aus Mehl, Hefe, Öl und Wasser bereitet werden. Dies behagte den sächsischen Adeligen überhaupt nicht, schmeckte diese Fastenspeise doch fad und tranig. Deshalb baten sie ihren Kurfürsten Ernst von Sachsen und seinen Bruder Albrecht, sich beim Papst für die Aufhebung des »Butterverbots« einzusetzen. Das taten sie denn auch. 1491 erlaubte Papst Innozenz III. im so genannten »Butterbrief« die Verwendung von Butter im Stollen. Der Papst verband diesen Erlass aber mit der Zahlung eines Buttergeldes, das für den Bau des Freiberger Doms eingesetzt wurde.

Mit dem verbesserten Zugang zu den orientalischen Gewürzen seit dem 16. Jahrhundert begann der Stollen sich geschmacklich zu verändern und entwickelte sich zu dem, was den Dresdner Christstollen heute ausmacht. Doch zu DDR-Zeiten war der Zugang zu Mandeln, Orangeat und Zitronat kaum gegeben. Stattdessen experimentierte man mit heimischen Nüssen, kandierten Tomaten- oder Kürbiswürfeln und gewürfeltem Backobst.

Bis 1560 ist der Brauch der Dresdner Bäcker zurückzuverfolgen, ihrem Landesherrn zu Weihnachten einen 36 Pfund schweren Stollen zu überreichen. August der Starke übertraf diese Tradition bei Weitem. Er ließ für das Zeithainer Lustlager, seine prachtvolle Truppenschau, am 29. Juni 1731 durch Bäckermeister Zacharias einen sechs Meter langen als »Striezel« bezeichneten Stollen backen, den er stückweise an seine Soldaten verteilte. Der Teig soll nach alten sächsischen Maßen aus 18 Scheffeln Mehl, 82 Eiern, 3 Tonnen Milch, 1 Tonne Hefe und 1 Tonne Butter zubereitet worden sein.

Nach der Wende wurde 1991 der »Schutzverband Dresdner Stollen« gegründet. Er ist der Hüter des Rezepts, und Dresdner Christstollen darf sich nur nennen, was in der Elbmetropole und seiner unmittelbaren Umgebung nach diesen Standards hergestellt wird. Längst ist der Dresdner Christstollen in das europäische Register der geschützten Ursprungsbezeichnungen und geografischen Angaben eingetragen und genießt entsprechenden Rechtsschutz. So wird das Stollensiegel des Dresdner Verbandes dann auch nur jenen Bäckern verliehen, die diese Standards erfüllen.

REZEPT
Original Dresdner Christstollen

Zutaten

1,2 kg Mehl · 80 g Hefe · 400 ml Milch · 600 g Butter
abgeriebene Zitronenschale · 600 g Rumrosinen · 100 g süße Mandeln
10 g bittere Mandeln · 150 g Zitronat · 100g Orangeat
100 g Zucker · 150 g Puderzucker

ZUBEREITUNG

1. Die Hefe in warmer Milch auflösen und eine Viertelstunde gehen lassen.
2. Den Teig aus dem Mehl, 450 g Butter, den Gewürzen und der Milch kneten.
3. Den Teig eine Stunde zugedeckt gehen lassen.
4. Den Teig danach auf einer bemehlten Arbeitsfläche zu einer Rolle formen, mit dem Nudelholz der Länge nach in der Mitte eindrücken, so dass zwei längliche Rollen entstehen. Die eine Rolle bis zur Hälfte über die andere schlagen und leicht andrücken, so dass die typische geschlagene Stollenform entsteht.
5. Den Stollen auf ein gefettetes Backblech legen und zugedeckt eine weitere halbe Stunde gehen lassen.
6. Den Stollen bei 200° Celsius im Ofen eine Stunde backen.
7. Die restliche Butter zerlassen, den Stollen damit bestreichen und mit Puderzucker besieben.
8. Abschließend den Stollen vor dem Anschneiden zwei Wochen mit einem Leinentuch bedeckt durchziehen lassen.

Eine süße Leckerei

César de Choiseul, 1er duc de Choiseul, Comte d'Hostel, Comte du Plessis-Praslin, Vicomte de Saint-Jean (1598 – 1675) · Praline

Die Praline ist eine mundgerechte Süßigkeit mit einem Überzug aus Schokolade und Geschmack gebenden Füllungen. Es werden vier Pralinenarten unterschieden:

- die Milchschokoladenpraline mit einer Füllung aus Mandeln, Zucker, Vanille, Kakao oder Haselnüssen
- die Praline aus dunkler Schokolade und Crème fraîche oder Buttercreme
- die Praline aus dunkler Schokolade und Marzipan
- die auch »Manon« genannte Praline, außen mit weißer Schokolade oder Fondantzucker, häufig mit Kaffeearoma, mit einer Füllung aus Crème fraîche oder Butter und mit einem Walnusskern.

Nach den heutigen Regelungen muss eine Praline einen Schokoladenanteil von mindestens 25 Prozent aufweisen, liegt die Menge der Kuvertüre darunter, spricht man von Konfekt. Die Herstellung von Pralinen ist so aufwändig, dass man sie auch als Krönung der Chocolatierskunst bezeichnet.

Die Ursprünge der Praline findet man im Frankreich des 17. Jahrhunderts, dem Jahrhundert, in dem am Hof Ludwigs XIV. und in vielen feudalen Herrenhäusern neue Küchenkreationen hervorgebracht wurden, die die Grundlage für das legten, was man heute als »französische Küche« bezeichnet. So war es auch mit der Praline, die am Hof von César de Choiseul, 1er duc de Choiseul, Comte d'Hostel, Comte du Plessis-Praslin, Vicomte de Saint-Jean (1598 – 1675) erfunden wurde. César de Choiseul-Praslin entstammte einer Familie, deren Ursprünge im 12. Jahrhundert liegen. Sie brachte viele berühmte Männer hervor, deren Königstreue sie bis in die höchsten Ämter brachte, bis hin zu einem Kardinal. In den Wirren des Dreißigjährigen Krieges konnte César de Choiseul-Praslin viele militärische Erfolge erringen, was ihm den Titel des Marschalls von Frankreich einbrachte. 1665 wurde er dann zum Herzog von Choiseul und Pair de France erhoben. Die hohen Würdenträger am Hof Ludwigs XIV. rangen alle um die Gunst des Königs, denn davon hing ihre gesellschaftliche und wirtschaftliche Position ab. Sie wetteiferten auch untereinander mit ihrer Hofhaltung, wozu zur Repräsentation eine ausgefallene Küche gehörte. Es war der – im übrigen deutsche – Hofkoch des Herzogs Choiseul-Praslin, der als Erfinder der Praline gilt, deren Bezeichnung er vom Namen Praslin ableitete. Bei den ersten Pralinen handelte es sich um Mandeln, die mit karamellisiertem Zucker überzogen waren. Obwohl die Kakaopflanze damals auch schon bekannt war, wurde anfänglich für Pralinen noch nicht mit einem Schokoladenüberzug gearbeitet. Mit dem Schokoladenüberzug kam dann auch der Begriff »Praliné« in Gebrauch. Es gibt Vermutungen, dass der Hofkoch des Herzogs der erste war, der einen solchen Schokoladenüberzug für seine Pralinen einsetzte.

Die Pralinen des Hofkochs waren für einen speziellen Zweck gedacht. Der Herzog von Choiseul-Praslin war nämlich der französische Gesandte am »Immerwährenden Reichstag«, der Ständevertretung der 350 Einzelstaaten, in die das Deutsche Reich nach dem Dreißigjährigen Krieg zerfallen war. Die Geschicke dieses Sammelsuriums von Einzelstaaten zu lenken, war eine schwierige Aufgabe. Den Verantwortlichen sollte das »Reichstagskonfekt« in Form von Pralinen, angenehme Zerstreuung verschaffen. Die Vielfalt der Pralinen ist schier grenzenlos. Hier kann jeder Chocolatier seiner Phantasie freien Lauf lassen. Großes Können ist erforderlich, um die raffiniertesten Ideen umzusetzen. Es geht aber auch einfacher – denn Pralinen kann man durchaus zuhause anfertigen.

REZEPT
Pralinen

Zutaten

50 g Nuss-Nougat-Creme · 50 g Nougat
150 g Haselnüsse · Vollmilchkuvertüre

ZUBEREITUNG

1. Das Nougat im Wasserbad weich werden lassen.
2. Die Hälfte der Haselnüsse hacken, ein Drittel mahlen, den Rest schälen.
3. Das erwärmte Nougat mit den gemahlenen Nüssen und der Nougat-Creme vermengen und kalt stellen.
4. Mit einem kleinen Löffel Portionen von der Nougatmasse entnehmen, in die Masse je eine geschälte Nuss drücken.
5. Die gefüllte Nougatmasse zu einer Kugel formen und in einer Schale mit den gehackten Nüssen wälzen.
6. Sind alle Kugeln geformt, diese noch einmal kalt stellen.
7. Die Kuvertüre schmelzen und die Nougatkugeln damit umhüllen.
8. Die Nougatkugeln abschließend trocknen lassen – fertig sind die Pralinen!

Füllung und Sauce

François-Pierre de La Varenne (1618 – 1678) · Duxelles

François-Pierre de La Varenne (1618 – 78) war der bedeutendste Koch des 17. Jahrhunderts. Er wuchs in einer Zeit auf, in der die mittelalterliche Küche in Frankreich durch die von Katharina von Medici, der Ehefrau Heinrichs II., von Italien nach Frankreich gebrachten Köche völlig neue Akzente erhielt. Varenne kommt das Verdienst zu, daraus eine höfische Küche entwickelt zu haben, die als französische Küche im Laufe der Zeit Weltgeltung erhielt, was ja immer noch gilt. Sein Kochbuch *Le Cuisinier François* (*Der französische Koch*) war nicht nur damals ein Bestseller, es ist es bis heute.

Zunächst war Varenne, dessen bürgerlicher Name übrigens bis heute nicht bekannt ist, für den Marquis d'Uxelles tätig, bevor er schließlich an den Hof Ludwigs XIV. kam. Varenne, der auch als eigentlicher Schöpfer der Béchamelsauce gilt (siehe »Béchamelsauce«), ist gleichfalls der Schöpfer der Duxelles-Sauce. Und so, wie er die

Béchamelsauße dem Marquis Louis de Béchameil schmeichelnd widmete, so tat er es auch mit der Duxelles-Sauce für den Marquis d'Uxelles.

Vom Grundsatz her ist Duxelles eine Farce (französisch für »Füllung«), die klassisch aus fein gehackten Pilzen und Schalottenwürfeln hergestellt wird. In Erweiterungen des Rezepts kommen zum Beispiel Tomatenmark und braune Bratensauce (Glace) vor, auch könnenMadeira, Knoblauch, saure Sahne oder Petersilie ergänzt werden. Außerdem stellt diese Farce die Grundlage für die Duxelles-Sauce dar. Mit der Duxelles verleiht man Füllungen von Fleisch, Saucen oder Dips einen attraktiven Pilzgeschmack. Sie kann mit ihrer Geschmacksverdichtung auch zur Garnitur, zur Unterspritzung bei Fleisch- und Fischgerichten, aber auch für Gemüse verwendet werden. Die Duxelles-Sauce erhält man, in dem man gehackte Kräuter in Weißwein reduziert und mit Duxelles fertig stellt.

REZEPT
Duxelles

Zutaten

500 g Champignons · 1 große Zwiebel (oder Schalotten)
Petersilie, Thymian · 1 Knoblauchzehe · 2 EL Sahne · 1 EL Paniermehl
Pfeffer, Salz · etwas Butter oder Öl zum Anbraten

ZUBEREITUNG

1. Die Pilze und die Zwiebel/Schalotten putzen und fein würfeln.
2. Die Knoblauchzehe zerdrücken.
3. Die Zwiebel/Schalotten anbraten, bis sie glasig sind.
4. Die Pilze zur Zwiebelmasse, dann die gehackte Petersilie, die Thymianblättchen und nach Belieben gehackten Knoblauch dazu geben.
5. Die entstandene Masse mit einem Holzlöffel in der Pfanne rühren, bis sie relativ trocken ist, dann die Sahne einrühren.
6. Die Masse bei kleiner Wärme weiter mit dem Holzlöffel in der Pfanne rühren, bis sie cremig geworden ist.

ANMERKUNG

1. Es wird empfohlen, die Pilzmasse vor dem Anbraten durch ein Tuch zu geben, um eventuelles Wasser auszudrücken.
2. Eine mögliche Anwendung: die Farce auf Fleisch verteilen, mit Semmelbröseln bestreuen und dann im Ofen überbacken.
3. Nimmt man die Farce als Füllung, gibt man Paniermehl und etwas Sahne darunter.

Bis heute eine Grundsauce in der Küche

Louis de Béchameil, Marquis de Nointel (1630 – 1703) · Béchamelsauce

Louis de Béchameil, Marquis de Nointel, wurde 1630 in Rouen als Sohn von Jean Béchameil, Buchhändler in Rouen, und Marie Pineau geboren. 1648 heiratete er Marie Colbert, Tochter von Nicolas Colbert und Cousine von Jean-Baptiste Colbert, der dem französischen Sonnenkönig Ludwig XIV. als Minister diente. Die Schreibweise seines Namens als Béchamel geht erst auf die Literatur des 19. Jahrhunderts zurück.

Louis de Béchameil war ein wohlhabender Finanzmann. 1691 erwarb Béchameil das Marquisat von Nointel. Für den französischen Staat war er in vielerlei Hinsicht tätig. So war er seit 1692 als Intendant für die Verwaltung der Bretagne verantwortlich. Er führte eine Kommission zur Überprüfung von Adelstiteln. Auch war er Verwaltungsleiter des Hauses des Herzogs von Orleans, bevor er das Amt des Haushofmeisters am Hof Ludwigs XIV. übernahm.

Am bekanntesten ist Louis de Béchameil als Gourmet und Kunstliebhaber. Er wurde vom König angewiesen, die Akademie in Angers zu gründen, die er später auch leitete. Persönlich war er Mäzen des Malers Jean-Antoine Watteau, der ihm arabeskenfarbene Tafeln mit allegorischen Figuren für einen kleinen Speisesaal seines Hôtel de Nointel in Paris malte. Doch sein eigentlicher Ruhm besteht darin, der Namensgeber der Béchamelsauce zu sein. Dass er sie selbst kreiert hat, ist mehr als zweifelhaft. Diese Sauce, die seinen Namen trägt, geht wohl eher auf François Pierre de La Varenne, Leibkoch von Nicolas Chalon du Blé, Marquis d'Uxelles, zurück, der auch am Hof Ludwigs XIV. tätig war. Offensichtlich hatte La Varenne diese Sauce Louis de Béchameil gewidmet, um dem Adeligen zu schmeicheln, wie es seinerzeit durchaus üblich war. Doch löste diese Schmeichelei eine sarkastische Bemerkung des alten Herzogs von Escars aus: *"Ist er glücklich, dieser kleine Béchameil! Ich hatte über zwanzig Jahre vor seiner Geburt in Scheiben geschnittene Hühnerbrust in Cremesauce serviert, und doch hatte ich nie das Glück, der kleinsten Sauce meinen Namen zu geben!"* (*Est-il heureux, ce petit Béchameil! J'avais fait servir des émincés de blancs de volaille à la crème plus de vingt ans avant qu'il fût au monde et, voyez, pourtant je n'ai jamais eu le bonheur de pouvoir donner mon nom à la plus petite sauce!*) [Zitat aus: Prosper Montagne: *The Concise Larousse Gastronomique*, Octopus Publishing Group. Hamlyn 2003].

Die Béchamelsauce, deren Grundlage eine Mehlschwitze im Gegensatz zu den damals üblichen Fleischsaucen ist, dürfte aber schon vor der Zeit Ludwig XIV. bekannt gewesen sein. Vom Grundsatz her ist sie wohl italienischen Ursprungs und wurde im 16. Jahrhundert von italienischen Köchen im Gefolge von Katharina von Medici, Gemahlin des Königs Heinrich II., am französischen Hof eingeführt. Später hat der Koch La Varenne sie dann verfeinert.

Es gibt eine Reihe von Ableitungen von der Béchamelsauce. Die bekannteste ist die Sauce Mornay, die Philippe de Mornay bzw. seinen Köchen zugeschrieben und mit geriebenem Käse verfeinert wird. Andere Ableitungen arbeiten mit Tomatenpüree, mit Krebsbutter oder mit Meerrettich.

Übrigens erwarb Louis Béchameil das Schloss Nointel an der Oise 1671 von Charles-François Ollier, dessen Vorfahren es aus einer Burg zu einem stattlichen Renaissancebau erweitert hatten. Zu seinem Titel »Marquis« war er, wie gesagt, erst später durch Erwerb des Marquisats von Nointel gekommen. Seine Familie bewohnte das Schloss bis 1718. Der Bau erlitt schwere Schäden durch Brände während der französischen Revolutionszeit. Die Wiedererrichtung des Schlosses erfolgte 1904 bis 1912 durch die Bankierstochter Euphrasie-Héloïse-Lydie Lemercier de Nerville, genannt Madame Aubernon, die in Paris mehrere literarische Salons unterhielt. Derzeit ist das Schloss im Besitz des Singer-Songwriters Renaud Siry.

REZEPT
Béchamelsauce

Zutaten

1/4 l Milch · 20 g Butter · 20 g Mehl
Salz, Pfeffer, Muskatnuss

ZUBEREITUNG

1. Die Butter bei mittlerer Hitze in einer Kasserolle erhitzen.
2. Das Mehl unterrühren und kurz anschwitzen.
3. Die Schwitze erkalten lassen.
4. Langsam die erhitzte Milch zugießen und dabei ständig mit dem Schneebesen durchschlagen.
5. Die Sauce 20 Minuten leicht sieden, dabei weiter verrühren und würzen.

ANMERKUNGEN

1. Falls sich in der Sauce Klumpen gebildet haben, diese durch ein Sieb passieren.
2. Die Konsistenz der Sauce lässt sich variieren. Weniger Mehl und Butter ergibt eine dünnere Sauce als gute Grundlage für Suppen. Die hier vorgestellte mittlerer Konsistenz eignet sich zum Übergießen von Gemüse oder Fleisch.

ABLEITUNGEN

Hierfür verwendet man eine mit Rahm vermischte Béchamelsoße:

1. Sauce aurore – Morgenrotsauce: Cremesauce mit etwas Tomatenpüree vermischt
2. Sauce Mornay: Cremesauce vermischt mit etwas geriebenem Käse; etwas Butter und Cayennepfeffer nach Geschmack
3. Sauce Nantua – Kardinalsauce: Cremesauce mit Krebsbutter aufgeschlagen und leicht mit Cayennepfeffer gewürzt
4. Sauce raifort – Meerrettichsoße: Cremesauce mit geriebenem Meerrettich vermischt (danach keiner großen Hitze mehr aussetzen

Ein Braten mit feiner Sauce

Fürst Nikolaus I. Joseph Esterházy de Galantha (1714 – 1790) · Rostbraten

Das Braten von Fleisch auf dem Rost ist eines der ältesten Garverfahren, wie es archäologische Funde und schriftliche Belege zeigen. Das bekannte römische Kochbuch des Apicius »*De re coquinaria*« aus der zweiten Hälfte des 1. Jahrhunderts v.Chr. bietet schon Rezepte dafür. Mittelalterliche Quellen weisen ebenfalls entsprechende Zubereitungsarten auf. Allerdings setzte sich anstelle des Bratens auf dem Rost zunehmend das Braten und Dünsten in der Pfanne durch. Um 1800 bot die Wiener Küche ein breites Sortiment an Rostbraten an, gegrillt, gedünstet, gefüllt, faschiert dazu Zwiebelrostbraten und sonstige Rostbraten mit den verschiedensten Zutaten. Der Esterházy-Rostbraten ist eine der bekanntesten Varianten darunter.

Den Erzählungen nach geht es bei der Entstehungsgeschichte dieses Rostbratens mehr oder weniger um einen Zufall. Bei einem Bankett des Fürsten Nikolaus I. Joseph

Esterházy de Galantha (1714 – 1790) trafen die als Garnitur vorgesehenen Trüffel nicht rechtzeitig in der Schlossküche ein. Deshalb nahmen die fürstlichen Köche das Wurzelgemüse, das zusammen mit dem Rostbraten geschmort wurde als Ersatz, und verfeinerten den Braten mit Kapern und Sardellen.

Die Familie Esterházy entstammt dem ungarischen Hochadel. Sie lässt sich bis in das 13. Jahrhundert zurückverfolgen. 1527 erfolgte die Beifügung »de Galantha« nach ihrem damaligen Hauptsitz nahe bei Bratislava. Der bekannteste unter den Esterházy-Fürsten ist Fürst Nikolaus I. Joseph Esterházy. Er konnte sich als Haupt einer durch ihre Kaisertreue zu großem Wohlstand, Land- und Schlösserbesitz gekommenen Familie einen aufwendigen Lebensstil leisten, weshalb er den Beinamen »der Prachtliebende« erhielt. Er war es auch, der Joseph Haydn 1766 vom Vize-Kapellmeister zum Kapellmeister am Hofe ernannte. Anlässlich eines Banketts auf einem seiner Residenzschlösser soll sich die Erfindung des »Esterházy Rollbratens« zugetragen haben. Die gleiche Geschichte wird allerdings auch von Nikolaus II. Fürst von Eszterházy (1765–1833)erzählt, der es sich – allerdings nur der Legende nach – leisten konnte, die ihm 1809 von Napoléon angebotene ungarische Königskrone auszuschlagen.

REZEPT
Esterházy Rostbraten

Zutaten

4 Scheiben Rostbraten · 1 Bund Wurzelgemüse
Rinderfond · 1/8 l Weißwein · 6 EL Kapern · 1 Sardelle · 4 EL Sauerrahm
Mehl · Salz, Pfeffer · Petersilie · Öl

ZUBEREITUNG

1. Den Rostbraten an den Rändern einschneiden, salzen, pfeffern und in Öl beidseitig anbraten, dann warm stellen.
2. Das Gemüse in feine Streifen schneiden und im Bratensud mit der zerdrückten Sardelle kurz andünsten.
3. Das Gemüse mit Wein ablöschen und mit etwas Rinderfond aufgießen.
4. Das Fleisch wieder in die Pfanne legen und zugedeckt bei mittlerer Hitze weich dünsten.
5. Das Fleisch aus der Pfanne nehmen.
6. Den Sauerrahm mit dem Mehl gut verrühren und das Wurzelgemüse damit binden und mit den Kapern verfeinern.
7. Das Fleisch mit der Sauce, den Gemüsestreifen und mit Petersilie garniert servieren.

ANMERKUNGEN

1. Im Originalrezept wird der Rostbraten noch im Ganzen zubereitet. Die Bezeichnung als Rostbraten geht noch auf die früher übliche Zubereitungsweise auf dem Rost zurück.
2. Als Beilagen eignen sich Spätzle, Makkaroni, Reis oder Kartoffelpüree.

Eine feine Zwiebelsauce

Gattin des Marschall Soubise (1715 – 1787) · Sauce Soubise

Die Sauce Soubise, die gemeinhin nur als »Soubise« bezeichnet wird, ist ein Zwiebelpüree, das auf zweierlei Weise zubereitet werden kann. Einerseits wird sie mit einer Béchamel, andererseits mit einem Reisbrei hergestellt. Es handelt sich um eine der vielen Kochkreationen des 17. und 18. Jahrhunderts, die das ausmachen, was man heute als »französische Küche« bezeichnet. In der Ära Ludwigs XV., die eher von Frieden bestimmt war als die Zeit seines Vorgängers Ludwigs XIV. hatten zunehmend die Frauen anstelle der sonst dominanten Militärs das Sagen in den Salons und bei den Soupers. Es war Mode geworden, dass sich die hohen Damen die Kreationen von Köchen zu eigen machten und sie unter ihrem Namen der hochrangigen Adelsgesellschaften darboten. Namengebend für die Sauce Soubise soll die Gattin des Marschalls Soubise (1715 – 1787) gewesen sein. Sie soll die *purée d'oignon* populär gemacht haben, indem sie der erstaunten und entzückten Welt bewies, wie man diese vornehme vegetabile Würze durch Kochkunst ihres Geruchs berauben kann, ohne ihre pikante Würze zu beeinträchtigen.

Charles de Rohan, Prince de Soubise, gehörte als Pair de France zum höchsten französischen Adel, war Offizier, Staatsmann und Marschall von Frankreich. Als Stütze des französischen Königshauses war er in den Kriegen, in die Ludwig XV. hineingezogen wurde, militärisch erfolgreich. Er war aber auch diplomatisch geschickt, so dass es ihm gelang, nicht nur das Vertrauen der Madame Pompadour, sondern auch das der Madame du Barry als nachfolgende Maitresse des Königs zu gewinnen. Diese Eigenschaften überzeugten Ludwig XVI. so sehr, dass er den Prince de Soubise in seinen Ämtern beließ.

Die Soubise taucht im 19. Jahrhundert in den französischen Kochbüchern auf, so im »*Guide culinaire*« von Auguste Escoffier und in der »*L'Art de la Cuisine au xixe siècle*« von Marie-Antoine Carême. Sie wird zum Überbacken von Fleischgerichten, als Beilage für Fleisch oder als Gemüsefüllung eingesetzt.

REZEPT
Sauce Soubise

Zutaten (für 10 Portionen)

1 kg Zwiebeln · 120 g Butter · 800 ml Béchamelsauce
2 Eigelb · 50 g Sahne · Salz, Zucker

ZUBEREITUNG

1. Die Zwiebeln schälen, würfeln und in Butter glasig dünsten.
2. Die Béchamelsauce dazu geben und leicht köcheln lassen.
3. Die Sauce vom Herd nehmen und abkühlen lassen.
4. Das Eigelb mit der Sahne vermengen und unter die Sauce rühren.
5. Abschließend mit Salz und ein wenig Zucker abschmecken.

REZEPT
Soubise auf Reisbasis

Zutaten für 1 Liter

500 g Zwiebeln · 200 g Rundkornreis

5 dl Milch · 1 Eigelb · etwas Rahm

Salz, Pfeffer

ZUBEREITUNG

1. Die Zwiebeln schälen, würfeln und in Butter glasig dünsten.
2. Den Reis blanchieren.
3. Reis, Zwiebeln und Milch in einem Wasserbad im Ofen zu einem Brei kochen.
4. Die Sauce abkühlen lassen, mit einem Eigelb und geschlagenem Rahm verfeinern.
5. Abschließend die Reissoubise abschmecken.

Das berühmteste Pausenbrot aller Zeiten

John Montagu, 4. Earl of Sandwich (1718 – 1792) · Sandwich

John Montagu, 4. Earl of Sandwich, gilt als Erfinder des Sandwichs, jener doppelten, entrindeten und diagonal halbierten Weißbrotschnitte, die innen mit Butter bestrichen und mit beliebigem Belag versehen ist. Bis heute ist dieser Pausensnack aus dem britischen Alltagsleben nicht wegzudenken. Auch in den Regalen deutscher Supermärkte ist das Sandwich längst eingezogen. Weniger bekannt, aber umso spektakulärer, ist der Lebenslauf des Earls – sowohl in politischer als auch in familiärer Hinsicht.

John Montagu entstammte dem Landadel der Grafschaft Northamptonshire. Er wurde am 13. November 1718 geboren. Sein Urgroßvater und Begründer der Dynastie Edward Montagu, 1. Earl of Sandwich, war Weggefährte des Lordprotektors Oliver Cromwell, setzte sich nach dessen Tod aber für die Wiedereinführung der Monarchie unter Karl II. ein. Insofern konnte er seine Ämter über die kurze republikanische Phase in England hinaus beibehalten, vor allem das des Oberbefehlshabers über die Flotte. Johns Vater Edward Richard Montagu starb 1722, als John vier Jahre alt war. Seine Mutter heiratete erneut und gab John nach Eton ins Internat. Später ging er an das Trinity College in Cambridge und verbrachte einige Zeit auf Reisen. Nach seiner Rückkehr nach England im Jahr 1739 nahm er seinen Sitz im House of Lords als Bevollmächtigter des Herzogs von Bedford ein. Mit dessen Unterstützung wurde er 1748 zum 1. Lord der Admiralität ernannt, aus diesem Amt aber 1751 wieder entlassen. Verschiedene weitere Ämter folgten, 1771 bis 1782 war John Montagu wieder 1. Lord der Admiralität.

Auf verschiedene Weise machte sich der Earl of Sandwich bei der Ausübung seiner Ämter immer wieder unbeliebt. Doch schien sein Verhandlungsgeschick sehr gefragt, so dass er sich trotz Korruptionsvorwürfen und offensichtlicher Inkompetenz lange halten konnte. Am schlimmsten wog der gegen ihn erhobene Vorwurf, Schiffe, die nicht seetüchtig und unzureichend ausgerüstet waren, in Seeschlachten geschickt zu haben. So wurde sein Rücktritt vom Amt des 1. Lords der Admiralität 1782 freudig gefeiert.

Der Earl of Sandwich heiratete 1741 Dorothy Fane, die Tochter des Viscount Fane. Aus dieser Ehe ging sein Sohn John (1743-1814) hervor, der als sein Nachfolger der 5. Earl of Sandwich wurde. Doch erkrankte seine Frau an Depressionen und verbrachte ihr weiteres Leben sehr zurückgezogen. So lernte der Earl of Sandwich später das siebzehnjährige Mädchen Martha Ray kennen. Es war ihre Stimme, die ihn faszinierte. Der Earl ermöglichte ihr die Ausbildung zur Sängerin, und sie machte sogar Karriere als Opernsängerin. Siebzehn Jahre währte ihre Liaison, bis sie 1779 von einem abgelehnten Verehrer auf offener Straße mit einer Kugel aus einer Pistole erschossen wurde. Sie und der Earl hatten gemeinsam fünf Kinder, darunter Basil Montagu (1770-1851), der sich als Schriftsteller, Jurist und Philanthrop einen Namen machte.

John Montagu, 4. Earl of Sandwich, starb 1792. Abschließend sei noch erwähnt, dass der Seefahrer James Cook die Sandwichinseln nach ihm benannt hatte. Heute trägt die Inselgruppe den Namen Hawaii.

THEMA
Brexit

Am 31.1.2020, dem Brexit-Tag, schrieb die Frankfurter Allgemeine Zeitung über das Sandwich, das der Autor für eine der größten kulinarischen Rückschritte der Menschheit hält:

»Zu verdanken haben wir das Sandwich dem Fanatismus von John Montagu, des 4. Earl of Sandwich, der nach heutigen Maßstäben ein Workaholic, zugleich aber auch ein besessener Kartenspieler war. Um weder bei der einen noch der anderen Beschäftigung Zeit mit der Nahrungsaufnahme zu vergeuden, ließ er sich in der Mitte des achtzehnten Jahrhunderts ungeröstete Weißbrotscheiben reichen, die mit Butter bestrichen und mit dünnen Rindfleischscheiben belegt waren – fertig war das Sandwich. Montagus Urversion des Brotimbisses wurde im Königreich vor allem in der proletarisch-asketischen Version des »Cucumber Sandwich« populär, das mit nichts anderem als ein bisschen gesalzener Butter und Salatgurken veredelt wird. Dergestalt avancierte diese nationale Leibspeise zum Musterbeispiel anarchistisch britischer Exzentrik, zur kulinarischen Kampfansage an jede Ausgeburt von Aroma, zum geschmacklichen Nihilismus in höchster Potenz. Die Brotscheiben aus reinem Weizenmehl sind von Natur aus geschmacksinexistent, dürfen sich auch nicht durch Röstung ein wenig Aroma aneignen und legen sich deswegen in ihrer Schlabbrigkeit wie isolierendes Dämmmaterial um die Zähne. Die Salatgurken bestehen zu sechsundneunzig Prozent aus Wasser, gehören also gleichfalls von Natur aus zu den geschmacksärmsten aller Nahrungsmittel und verbrüdern sich in perfider Eintracht mit dem Weißbrot. Und der leicht gesalzenen Butter, auch nicht gerade ein Aromenkraftprotz, bleibt nichts anderes übrig, als angesichts dieser faustischen Allianz mit wehenden Fahnen unterzugehen. Und doch hat alles seinen Sinn: Es ist, als beiße man in das Nichts, es ist eine Meditation

des totalen Verzichts, die Abschaffung aller Ansprüche ans Essen. Derart masochistisch gestärkt, erobert man Weltreiche, weil man keine Angst mehr davor hat, dass es in Hinterindien nichts Anständiges zu futtern gibt. O Britannien, o weises Britannien!« (Jakob Strobel y Serra)

REZEPT
Sandwich

(BLT Sandwich – bacon, lettuce, tomato)

Zutaten

2 Scheiben Toast

4 Scheiben Bacon/Frühstückspeck · Mayonnaise

Eisbergsalat · Tomate

ZUBEREITUNG

1. Den Frühstücksspeck anbraten und auf Küchenpapier abtropfen lassen.
2. Den Sandwichtoast im Backofen oder Toaster toasten.
3. Die Scheiben abkühlen lassen, danach mit Mayonnaise bestreichen.
4. In Scheiben geschnittene Tomaten und Salat auf eine Scheibe Toast geben.
5. Die andere Scheibe darauflegen.
6. Das Sandwich diagonal schneiden.

Nicht nur Kartoffeln gekonnt zubereitet

Apotheker Antoine Auguste Parmantier (1737 – 1813) · à la parmentière

Auskunft über die frühe Einführung der Kartoffel in Frankreich gibt die 1600 verfasste und 1619 erschienene Schrift des Agrarwirtschaftlers Olivier de Serres unter dem Titel *Théâtre d'Agriculture et Mesnage des Champs*. Darin führt der Autor aus, dass die Kartoffel »kürzlich« aus der Schweiz in die Dauphiné gebracht worden sei. Serres beschreibt nicht nur die Pflanze, sondern erläutert auch ihre Pflege und Ernte und gibt vor allen Dingen Hinweise zur Einlagerung über Winter. Und vor Ratten warnt er, denn die würden solch leckere Nahrung im Nu auffressen.

Die Dauphiné ist ein wichtiges Trüffelgebiet in Frankreich, und wegen der Ähnlichkeit der neuen Knolle mit den Trüffeln nannte Serres sie »*Cartoufle*«. Dazu schrieb er *»Kartoffeln seien zwar nicht so schön in der Farbe aber leichter als Trüffeln und ihre Haut ist eben nicht rau, sondern geschmeidig. Dies unterscheidet die beiden Früchte. Und was ihren*

Geschmack anbetrifft, so bereitet der Koch sie so zu, dass man kaum Unterschiede zwischen ihnen feststellen kann.« [Théâtre d'Agriculture et Mesnage des Champs, *Paris 1617*]
Die Ausführungen von Olivier de Serres zeigen, dass man in den Kreisen, die sich Trüffeln leisten konnten, bald lernte, auch die Knollen, die ja erst im Jahrhundert zuvor von den Anden nach Europa gebracht worden waren, schmackhaft zuzubereiten. Was für den Reichen Genuss bedeutete, war aber für die überwiegend arme französische Bevölkerung bittere Notwendigkeit. Die schlechte Ernährungslage zwang ganz Europa dazu, sich neuer Kulturpflanzen zu bedienen. Die Ausführungen von de Serres zeigen aber auch, dass es nicht der bekannte Apotheker Antoine Auguste Parmentier (1737 – 1813) war, der angeblich den Kartoffelanbau im Jahre 1783 in Frankreich eingeführt haben soll. Schon vorher waren Felder um Paris mit Kartoffeln als Futtermittel bepflanzt. Zudem gleicht die Geschichte, die über Parmentier erzählt wird, verdächtig der Legende, die man über die Einführung der Kartoffel über den Alten Fritz, den preußischen König Friedrich den Großen erzählt. Danach soll in diesem Fall der Franzosenkönig Ludwig XV. auf Anraten Parmentiers angeordnet haben, auf den Kartoffelfeldern »Warntafeln« mit Hinweisen auf den großen Wert der Knollen aufzustellen. Am Tage sollen die Felder wie in Preußen durch Soldaten bewacht worden sein. Die Bauern wurden durch diese Aufsehen erregende Maßnahme des Königs auf die Kartoffel aufmerksam. Und es kam, wie es kommen musste: Des Nachts stahlen die Bauern einige der Kartoffeln, um diese dann auf ihren eigenen Feldern anzubauen.

Dass diese Legende der über den Alten Fritz ähnelt, mag auch damit zusammenhängen, dass Parmentier als Apotheker Dienst als Militärarzt im französischen Heer leistete und während des Siebenjährigen Krieges in preußische Gefangenschaft geraten war. Hier lernte er die Kartoffel schätzen, ohne die er sicherlich kaum überlebt hätte. Seine Erfahrungen mit der Kartoffel mögen ihn bewegt haben, den Kartoffelanbau in Frankreich zu fördern. Als Antoine Augustin Parmentier aus der preußischen Gefangenschaft zurückkehrte, setzte er seine Studien zur Agrarchemie fort. In Erinnerung an seine Zeit in der preußischen Gefangenschaft schlug er in einem von der Akademie von Besançon gesponserten Wettbewerb vor, die Kartoffel als Nahrungsquelle für Ruhrpatienten einzusetzen. Er gewann den ausgelobten Preis »im Namen der Kartoffel« im Jahr 1773. Vor allem aufgrund der Bemühungen von Parmentier erklärte die Pariser Medizinische Fakultät 1772 Kartoffeln als für den menschlichen Verzehr geeignet. 1779 wurde Parmentier an das Bäckereiinstitut zur Verbesserung der Lebensmittelversorgung in Paris berufen. Im Wesentlichen ging es dabei um die Frage, wie man Brot kostengünstiger herstellen könnte. Noch im selben Jahr veröffentlichte er seine Studie »*Manière de faire le pain de pommes de terre*«, in der er beschrieb, wie man Kartoffelbrot herstellen kann, das noch alle Eigenschaften von Weizenbrot aufweist. Als sich 1785 die Ernährungslage in Frankreich erneut verschlechterte, waren es die Kartoffeln, die in vielerlei Hinsicht zur Abmilderung der Situation beitrugen. 1789 veröffentlichte Parmentier eine Abhandlung über den Anbau und den Gebrauch von Kartoffeln, Süßkartoffeln und Topinambur »*Traité sur la culture et les usages des Pommes de terre, de la Patate, et du Topinambour*«, die im Auftrag des Königs gedruckt wurde. Auch nach der Revolution im Jahr 1789 verschlechterte sich die Ernährungssituation erneut. Man erinnerte sich der Ideen Parmentiers und nahm ihn 1795 sogar in die Akademie der Wissenschaften auf. 1794 erschien dann sogar das erste Kartoffelkochbuch. Ganz im Sinn der Revolution erschien es unter dem Titel »*La Cuisinière Républicaine*« (= Die republikanische Köchin). In seinen letzten Lebensjahren veröffentlichte Parmentier noch viele Ergebnisse seiner Studien zur Brot- und Käseherstellung, zur Getreidelagerung, zur Pilzkultur, zu Kastanienmehl und anderen Themen. Er starb 76-jährig im Jahr 1813 in Paris. Er wurde auf dem Friedhof Père Lachaise begraben. Sein skulptierter Grabstein ist von Kartoffelpflanzen umrankt. In Anerkennung seiner Verdienste um die Land- und Ernährungswirtschaft wurden im Lauf des 19. Jahrhunderts viele Gerichte »... à la Parmentier« benannt, so zum Beispiel Potage Parmentier (Kartoffel-Lauch-Suppe), Hachis Parmentier (Kartoffelkuchen), und nicht zuletzt Kartoffeln à la Parmentier (ca. 1 Zentimeter große rohe Kartoffelwürfel in Butter gebraten, mit Petersilie bestreut oder mit Kalbsjus bzw. Bratensaft) zu Fleisch und Geflügel. Kein Name in Frankreich ist so sehr mit der Kartoffel verbunden wie der von Parmentier!

REZEPT

Potage Parmentier à la vichysoise

(Kartoffel-Lauch-Suppe)

Zutaten (für 4 – 6 Personen)

4 Tassen geschälte und grob geschnittene Kartoffeln

3 Tassen in dünne Scheiben geschnittene Lauchstangen (weiße Teile plus 5 cm vom Grünen)

1 l Hühnerbrühe · Salz, Pfeffer · 1/2 Tasse süße Sahne

1 EL fein geschnittener frischer Schnittlauch oder fein gehackte Petersilie

ZUBEREITUNG

1. In einem ausreichend großen Topf oder Suppenkessel Kartoffeln, Lauch, Hühnerbrühe und Salz mit leicht geöffnetem Deckel 40 bis 50 Minuten kochen, bis die Gemüse weich sind.
2. Danach die Suppe durch einen Durchschlag oder durch eine Gemüsemühle passieren und in den Topf zurückgeben, mit Pfeffer würzen und die Sahne unterrühren.
3. Vor dem Servieren die Suppe bis zum Siedepunkt erhitzen. Zum Anrichten wird die Suppe in eine Terrine gefüllt. Die Suppe im Teller mit frischem Schnittlauch oder frischer Petersilie bestreuen.

Ein reichhaltiger Eintopf

Freiherr Franz von der Trenck (1711 – 1749) · Pichelsteiner

Franz Freiherr von der Trenck (1711 – 1749), aus preußischem Adel stammend, kühner Soldat mit hohem taktischen Vermögen, begnadeter wie gleichermaßen grausamer Feldherr, ging als widersprüchliche Gestalt in die Geschichte ein. Diese Gegensätzlichkeit im Charakter, einerseits gebildet, an Literatur interessiert, musikalisch, aber andererseits Abenteurer, grausam und habgierig, war letztlich schicksalhaft für ihn. Er trat zunächst in die ungarische Armee ein, wurde aber dort wegen seiner Streitlust entlassen. Nach einer unglücklich verlaufenen Ehe wandte er sich wieder dem Militär zu, diesmal in der russischen Armee. Nach erneuten Streitereien zog er sich wieder zurück. Als 1740 der Österreichische Erbfolgekrieg ausbrach, erhielt er die Genehmigung, eine Armee aus 1.000 kroatischen Panduren auf eigene Kosten zusammenzustellen, die für Maria Theresia in den Krieg gegen die Preußen ziehen sollte. Diese Truppe wuchs schnell auf 5.000

pandurische Soldaten an. In mehreren Gefechten schlug er die Gegner und machte große Kriegsbeute. Nach einer Schussverletzung musste er sich zwischenzeitlich zurückziehen. Zurück im Kriegsgeschehen war er nochmals erfolgreich, konnte aber seine plündernden Truppen nicht im Zaum halten, so dass er sich bei der nachfolgenden Schlacht verspätete und mit zur Niederlage der Österreicher beitrug. Inzwischen war der Ärger über seine Kriegsführung so stark angewachsen, dass weitere Beschuldigungen gegen ihn erhoben wurden. In der Folge wurde er nach Friedensschluss wegen Korruption und weiterer Delikte verurteilt. Er starb 1749 als inhaftierter Schwerkranker in Brünn.

Die Legende will es, das der Pandurenoberst von der Trenck während des Österreichischen Erbfolgekrieges auch in den Bayerischen Wald eingedrungen war. Am strategisch wichtigen Aussichtsberg Büchelstein angekommen, zwang er die dortige Bäuerin mit »Essen oder Leben« zur Herausgabe ihrer letzten Vorräte, die ihr nach den vorangegangenen Plünderungen der Soldateska noch geblieben waren. In ihrer großen Angst vor den grausamen Panduren kratzte sie alles zusammen, was sie noch an Fleisch und Gemüse besaß – Kartoffeln gab es dort zu dieser Zeit noch nicht – und kochte es in einem Kessel, im Bayerischen Wald »Pichel« genannt, zu einem kräftigen Eintopf zusammen. Die Panduren waren besänftigt. Die Geschichte vom »Pichelsteiner« machte die Runde, und mit einigen Verfeinerungen wurde daraus ein allseits bekanntes Rezept.

Übrigens geht das Pichelsteinerfest im nahe gelegenen Regen auf dieses Ereignis auf dem Büchelstein zurück. Im Jahr 1874 taten sich vier Regener Bürger, darunter der Bürgermeister, zusammen, um anlässlich der Kirchweih in feuchtfröhlicher Runde Büchelsteinerfleisch zu sich zu nehmen. Diese urgemütliche Versammlung wurde nun Jahr für Jahr wiederholt. Anfänglich kam eine Musikkapelle dazu, dann wurden Reden gehalten, die Zahl der Teilnehmer mehrte sich. So entstand aus der ursprünglich kleinen privaten Feier das Pichelsteinerfest, das inzwischen Tausende von Besuchern anzieht. Es beginnt am Freitag vor dem 1. Sonntag nach Jakobi (Jakobi: 25. Juli) und dauert sechs Tage mit umfangreichem Programm, Bier- und Tanzzelt, Festcafé, Festzug und Feuerwerk zum Schluss.

REZEPT
Pichelsteiner Eintopf

Zutaten (für 10 Personen)

2 kg Kalb-, Rind- und Schweinefleisch · 2 kg Kartoffeln
1 kg Zwiebeln · 1 kg Wirsing · 1/2 kg Weißkohl · 1/2 kg Karotten
200 g Sellerie · 200 g Petersilie · 200 g Butterschmalz · 200 g Rindermark
Salz, Pfeffer, Paprika, Kümmel, Tomatenmark · 2 Liter Brühe

ZUBEREITUNG

1. Das Fleisch in mundgerechte Würfel schneiden.
2. Das Gemüse putzen, würfeln, Kartoffeln und Karotten schälen und in Scheiben schneiden.
3. Das Fleisch in einem großen Topf scharf anbraten, gewürfelte Zwiebel dazu geben, alles 5 Minuten dünsten, dann Tomatenmark dazu geben und anrösten.
4. In den Topf ein Viertel der Brühe geben und einkochen lassen.
5. Das Fleisch herausnehmen.
6. Dann das Gemüse und Fleisch schichtweise in den Topf einfüllen, jeweils salzen, pfeffern und mit etwas Paprikapulver und Kümmel bestreuen, dann mit Brühe aufgießen und 1 Stunde schmoren lassen.
7. Zwischendurch weiterhin mit Brühe aufgießen.

ANMERKUNGEN

1. Es eignen sich Schulter- und Bruststücke sowie An- und Abschnitte
2. Pichelsteiner kann als Eintopf oder mit Kartoffeln gegessen werden

Blumenkohl auf neue Art

Madame du Barry (1743 – 1793) · Blumenkohlsuppe

Madame du Barry würde sich heute im Grabe umdrehen, wenn sie wüsste, dass ihr Name untrennbar mit Blumenkohl verbunden ist. Aber das Rezept wurde nun einmal am Hof Ludwigs XV. für sie kreiert.

Madame du Barry ist eine der schillerndsten Persönlichkeiten im feudalen Frankreich. Sie wurde 1743 als uneheliche Tochter des Franziskanerpaters Jean Baptiste Casimir Gomard und der Näherin Anne Bécu in Vaubernier als Marie-Jeanne Bécu geboren. Schon in jungen Jahren kam sie nach Paris, arbeitete zunächst in einem Modesalon, dann als Kurtisane in einem einflussreichen Bordellbetrieb. Dort kam der Graf Jean-Baptiste du Barry in Kontakt zu ihr. Er wollte sie dem französischen König Ludwig XV. als Mätresse andienen und erhoffte sich dadurch größeren Einfluss am Hof. Um sie hoffähig zu machen, fälschte er ihre Geburtsurkunde und verheiratete sie mit seinem Bruder Guillaume du Barry. Nun war sie adelig.

Der Coup gelang. Der König erlag der charmanten Jugendlichkeit der du Barry. Für ihre Dienste wurde sie fürstlich belohnt, mit Subsidien, Juwelen, Wohnräumen im Schloss Versailles und mit dem kleinen Schloss Louveciennes auf dem Land bei Versailles. Der Neid am Hof war ihr gewiss. Hofintrigen machten ihr schwer zu schaffen. Aber im Gegensatz zu ihrer großen Vorgängerin Madame de Pompadour hielt sie sich aus der Politik heraus. Als Ludwigs XV. Enkel und Nachfolger Ludwig XVI. heiratete, saß sie an der Seite »ihres« inzwischen verwitweten Königs. Damit war ihr die Ablehnung Ludwigs XVI. und seiner Gemahlin Marie-Antoinette gewiss. 1774 erkrankte Ludwig XV. an den Pocken. Sie pflegte ihn trotz der Ansteckungsgefahr aufopfernd bis zu seinem Tod noch im gleichen Jahr. Der Beichtvater des Königs hatte ihm aber angesichts seines Todes so ins Gewissen geredet, dass er noch kurz vor seinem Tod Madame du Barry aus Versailles verbannte und sie in ein Kloster schickte. Aber ein Jahr später durfte sie in ihr Schloss Louveciennes zurückkehren. Doch auch ihr blieb als Adelige nicht die Verfolgung durch die französischen Revolutionäre erspart. 1793 wurde sie vor das Revolutionstribunal gebracht und wegen Verschwendung öffentlicher Gelder und Unterstützung der Konterrevolution als »schändliche Verschwörerin« zum Tode verurteilt.

REZEPT
Crème Dubarry (Blumenkohlsuppe)

Zutaten

1 Blumenkohl (ca. 600 g)
200 g Zwiebeln · 30 g Butter · 1 El Olivenöl · Salz, Pfeffer
300 ml Milch · 150 ml Schlagsahne · 10 g Walnusskerne
gehackte Petersilie · 2 EL Zitronensaft

ZUBEREITUNG

1. Den Blumenkohl putzen und in kleine Röschen teilen.
2. Die Zwiebeln in Streifen schneiden.
3. Zwei Drittel der Butter mit dem Öl in einem Topf erhitzen und die Zwiebeln darin andünsten, danach zwei Drittel der Blumenkohlröschen dazu geben und alles einige Minuten dünsten, danach salzen und pfeffern.
4. Den Sud mit der Milch und der gleichen Menge Wasser auffüllen und 20 Minuten köcheln lassen, dann die Sahne dazu geben.
5. Jetzt die Suppe pürieren.
6. Den Rest der Butter in einem kleinen Topf zerlassen und die restlichen Blumenkohlröschen darin je nach gewünschter Konsistenz einige Minuten dünsten und mit Salz und Pfeffer abschmecken..
7. Die Walnüsse grob hacken, auf einer Pfanne ohne Fett anrösten und dann fein hacken
8. Die Suppe abschließend noch einmal aufkochen lassen, mit Zitronensaft abschmecken, auf vorgewärmten Tellern servieren und mit dem Gemisch aus fein gehackten Walnüssen und Petersilie verzieren.

Traditioneller geht es nicht

Johann Wolfgang von Goethe (1749 – 1832) · Frankfurter Grüne Sauce

Am 9. März 2016 verlieh die Europäische Union der Frischkräuterkomposition »Frankfurter Grüne Sauce« das EU-Siegel »Geschützte geografische Angabe (g.g.A.)«. Damit steht die Grie Soß, wie die Frankfurter sie nennen, unter besonderem Rechtsschutz. Die Kräuter dieser Komposition (Petersilie, Schnittlauch, Kerbel, Kresse, Pimpernelle, Borretsch und Sauerampfer) müssen aus Frankfurt oder den angrenzenden Kommunen stammen und mit der Hand zu einem Gebinde verarbeitet werden. Dazu sind die Gewichtsanteile der einzelnen Kräuter zueinander festgelegt, keines darf mit mehr als 30 Prozent Anteil an den Gebinden haben. Inzwischen sind sie auf Märkten und saisonal sogar überregional im Lebensmittelhandel erhältlich. Die Grie Soß wird traditionell zu Pellkartoffeln oder Salzkartoffeln oder als Beilage zu Fleischgerichten gereicht. Als typisches hessisches Gericht findet man inzwischen das so genannte »Frankfurter Schnitzel«, ein Schnitzel Wiener Art mit dieser grünen Sauce.

Johann Wolfgang von Goethe soll ein großer Liebhaber der Grünen Sauce gewesen sein und seine Mutter Aja eine Meisterin bei ihrer Zubereitung. Tatsächlich kannten schon die Römer das Rezept einer Kräutersauce, das aus dem Vorderen Orient nach Südeuropa gekommen war. Im Mittelalter tauchten »*Salsa Verde*« (italienisch) oder »*Sauce Verte*« (französisch) auf. Diese enhielten nur wenige Kräuter, statt dessen aber Oliven und Pinienkerne, angerichtet mit Olivenöl. Die Kräutersauce entwickelte sich zunächst als Arme-Leute-Essen, für das nur günstig zu beziehende Kräuter der Region zum Einsatz kamen. Mit Schmand angereichert hat sie sich zu einer kulinarischen Köstlichkeit gemausert, die heute weit über Frankfurts Stadtgrenzen hinaus bekannt ist.

Seit 2008 findet im Mai in Frankfurt ein Grüne-Saucen-Festival statt, in dessen Rahmen jeweils die beste Frankfurter Grüne Sauce gekürt wird.

REZEPT
Frankfurter Grüne Sauce

Zutaten (für 4 Personen)

300g Kräuter (krause Petersilie, Schnittlauch, Sauerampfer, Borretsch, Kresse, Kerbel, Pimpernelle) · 2 Eier · 500g Schmand/Crème Fraîche
1 EL Essig und Öl · Salz, Pfeffer

ZUBEREITUNG

1. Die Kräuter und den Schmand mit dem Pürierstab mixen, bis eine schöne grüne Farbe entsteht.
2. Die Eier hart kochen, würfeln und alle Zutaten dazu geben.
3. Die Sauce für zwei Stunden in den Kühlschrank geben, bis sie gut durchgezogen ist

Ein neuartiger Nachtisch

Ferdinand von Trauttmannsdorff (1749 – 1827) · Milchreis

Das österreichisch-steiermärkische Adelsgeschlecht derer von Trauttmansdorff kann in seiner Geschichte bis in das 12. Jahrhundert zurückblicken. Im Laufe der Zeit verzweigte sich die Familie immer weiter und war neben der Steiermark in Tirol, Niederösterreich, Böhmen und Ungarn ansässig. Eines ihrer berühmtesten Schlösser ist Schloss Trauttmansdorff in Meran, das ab 1543 und erneut im 19. Jahrhundert im Besitz der Familie war. 1870 wählte Kaiserin Elisabeth das Schloss für einen Kuraufenthalt aus. Bis heute lebt das Image Merans von Sissi, wie die Kaiserin genannt wurde. Inzwischen ist das Schloss im Besitz der Südtiroler Landesregierung, die darin seit 2001 einen immer wieder erweiterten zwölf Hektar großen Botanischen Garten einrichtete.

Eines der prominentesten Mitglieder des Geschlechts derer von Trauttmansdorff war Ferdinand von Trauttmansdorff (1749-1827), 1800/01 geschäftsführender Außenminister des Habsburgerreichs, seit 1805 Reichsfürst von und zu Trauttmannsdorff-

Weinsberg und später Oberhofmeister des österreichischen Kaisers. Besonders geschätzt war er für die von ihm ausgerichteten Diners. Berühmt waren vor allem seine süßen Nachtische. Reis Trauttmansdorff ist ein besonderer Nachtisch, den man auch am Nachmittag zum Kaffee darreichen kann.

REZEPT
Reis Trauttmansdorff

Zutaten

125 g Milchreis · 500 ml Milch · 1 Päckchen Vanillezucker · 1 Prise Salz
1/2 Blatt Gelantine · 200 ml Sahne · 50 g kandierte Früchte · Schalenabrieb von 1/2 Zitrone und 1/2 Orange · frische Früchte der Saison

ZUBEREITUNG

1. Den Milchreis in einem Topf mit der Milch, dem Vanillezucker und Salz 20 Min. köcheln lassen. Aufpassen, dass der Reis nicht ansetzt.
2. Den Topf vom Herd nehmen.
3. Die Gelantine in kaltem Wasser einweichen, ausdrücken und in den noch warmen Reis einrühren.
4. Die Sahne steif schlagen.
5. Die kandierten Früchte würfeln.
6. Die Sahne, die Fruchtstücke und den Schalenabrieb unter den Reis rühren, solange dieser noch nicht vollständig abgekühlt ist.
7. Den Reis in Portionsringe füllen und über Nacht kalt stellen.
8. Zum Servieren vorsichtig aus den Portionsringen nehmen und auf Tellern, garniert mit Früchten, anrichten.

Einst Armenspeise – heute Küchen-Klassiker

Reichsgraf Rumford (1753 – 1814) · Kartoffelsuppe

Benjamin Thompson, der spätere Reichsgraf Rumford, wurde am 26. März 1753 in North Woburn in den späteren Vereinigten Staaten von Amerika geboren. Er arbeitete unter anderem als Lehrer im Ort Rumford, heute Concord, New Hampshire, musste als überzeugter Royalist aber 23-jährig angesichts der Unruhen des nordamerikanischen Unabhängigkeitskrieges nach England fliehen, wo er im Kolonialministerium als Offizier tätig wurde. Im Mai 1784 trat er in die Dienste des bayerischen Kurfürsten ein, der ihn mit leitenden Positionen im Militärwesen und der Reorganisation der bayrischen Armee betraute. Thompson stieg bis zum Kriegsminister auf und wurde aufgrund seiner Verdienste im Jahr 1792 zum Reichsgrafen Rumford erhoben.

Mit dem Jahreswechsel 1787/88 wurde Thompson mit einer Heeresreform beauftragt. Seine Zielsetzungen, einerseits die Kavallerie und Infanterie auf dreißig Regimenter zu verstärken, andererseits diesen Mehraufwand durch langfristige Beurlaubungen in Friedenszeiten zu finanzieren – wobei er auch gleichzeitig eine stärkere Integration des Heeres in die allgemeine Gesellschaft anstrebte – scheiterten nicht zuletzt an den kriegerischen Auseinandersetzungen mit dem revolutionären Frankreich. Der erste Koalitionskrieg (1792 – 1797) richtete große Schäden in Bayern an und strapazierte die Kriegskassen des Landes derart, so dass Rumford 1794 mehr oder weniger freiwillig seinen Rücktritt einreichte. 1798 wurde er für kurze Zeit Polizeiminister, dann aber im August des gleichen Jahres als außerordentlicher Gesandter an den britischen Hof »versetzt«.

Über zehn Jahre lang stand Thompson im Dienste des bayerischen Kurfürsten. Seine Verdienste dürfen angesichts des Endes seiner Karriere in England nicht unterschätzt werden. Über seinen Einsatz für das Heer hinaus nahm er ein umfangreiches Sozialprogramm in Angriff, betrieb den Bau neuer Schulen und richtete eine Manufaktur mit Armenhaus ein, wo er Massenspeisungen organisierte. Sein größtes Verdienst liegt für die Bewohner Münchens darin, dass er die Anlage des Englischen Gartens anregte, für das Wohl der übrigen Welt war wohl wichtiger, dass er vor allem Kartoffelsuppen für die Armenspeisungen verwandte. Diese Rumfordschen Suppen seien *»ein sehr zweckmäßiges Gemengsel der wohlfeilsten und nährendsten Vegetabilien, wozu man nicht einmal animalischer Nahrung bedarf«*, hieß es im Reichsanzeiger Nr. 8 von 1803. Später, als man die Bedeutung tierischer Bestandteile in der Ernährung erkannt hatte, wurden Armenspeisungen wie der Rumford-Suppe Speckschwarten beigegeben.

Um die Jahrhundertwende nahm Rumford seinen Abschied aus bayrischen Diensten und lebte als Privatmann abwechselnd in London, Paris und München. Rumford hatte sich zeitlebens auch mit naturwissenschaftlichen Studien unterschiedlichster Art beschäftigt. Seine Experimente über die Wärme revolutionierten auch das Alltagsleben der ärmeren Bevölkerung, denn er erfand unter anderem den sogenannten Rumford-Herd, der schon bald Tausende von Wohnungen wärmte. Am 21. August 1814 verstarb er in Auteuil bei Paris – als Graf Rumford und Sir Benjamin Thompson. Seine Persönlichkeit ist nicht unumstritten, aber er war auch ein hervorragender Wissenschaftler und ein Wohltäter der Menschheit.

REZEPT
Rumford-Suppe

Zutaten (für 4 Personen)

500 g Beinscheibe und Ochsenschwanz · 1 EL Öl
75 g geräucherter Speck · 1/2 Bund Suppengrün
1 kleiner Zweig Liebstöckel · 75 g getrocknete Erbsen
60 g Graupen · 250 g Kartoffeln · 1/2 Bund Petersilie
1,5 l Brühe · Salz, frisch gemahlener Pfeffer

ZUBEREITUNG

1. Die Erbsen über Nacht in Wasser einweichen.
2. Den Speck würfeln, das Suppengrün putzen und zerteilen, die Kartoffeln schälen und würfeln. Das Öl in einem großen Topf erhitzen und den Speck darin anbraten. Das Suppengrün dazu geben und anschwitzen. Ochsenschwanz und Beinscheibe sowie den Liebstöckel, die abgegossenen Erbsen, Salz und Pfeffer zugeben, mit 4 Litern Wasser aufgießen und für 2 Stunden kochen lassen.
3. Die Graupen in einem zweiten Topf in Salzwasser garen und anschließend abgießen. Den Ochsenschwanz und die Beinscheibe aus dem Topf nehmen, die Brühe durch ein Sieb abgießen und auffangen.
4. Das im Sieb bleibende Gemüse, den Speck und die Erbsen zusammen mit den Graupen durch ein großes Sieb streichen. Das Ganze mit etwa 1,5 Litern der Brühe zum Kochen bringen, die Kartoffeln hinzufügen und gar kochen. Die Suppe mit Salz abschmecken, in vorgewärmte Teller geben und mit Petersilie bestreut servieren.

Das Gericht einer Lebedame

Amy Lyon, spätere Lady Hamilton (1765 – 1815) · Seezunge

Amy Lyon, die spätere Lady Hamilton, wurde vermutlich am 26. April 1765 in Ness in der englischen Grafschaft Cheshire als Tochter eines Hufschmieds geboren, dann aber, nach dem frühen Tod des Vaters, zusammen mit ihrer Mutter von der Großmutter aufgenommen. Mit 12 Jahren begann sie als Kindermädchen zu arbeiten und ging bald nach London. Dort kam sie erstmals mit Gesang und Tanz in Berührung, wurde aber auch aufgrund ihres Lebenswandels als Dienstmädchen entlassen und soll zeitweise als Prostituierte gearbeitet haben. Danach tauchte sie im »Tempel der Gesundheit« des sehr erfolgreichen Quacksalbers James Graham auf, der kinderlose Ehepaare behandelte, ihnen ein Himmelbett der Fruchtbarkeit bot, und zur Anregung Amy Lyon dort erotisch posieren ließ. In dieser Zeit machte sie zwei wichtige Bekanntschaften, die des Porträtmalers George Romney, der viele Gemälde von ihr hinterließ, sowie die des adeligen Sir William Greville, dessen Mätresse sie wurde. Am 12. März 1782 kam ihre Tochter Little Emma zur Welt (vermutlich von einem vormaligen Geliebten) – Amy nannte sich inzwischen im Übrigen auch Emma. Little Emma vertraute sie ihrer Großmutter zur Pflege an. Zur Aufbesserung seiner Finanzen bot Greville seine Geliebte seinem reichen 62-jährigen Onkel Sir William Hamilton an, dem britischen Gesandten in Neapel, und bat ihn, sich eine Weile um Emma zu kümmern. Wie erwünscht fand Hamilton Gefallen an ihr und ihren Begabungen. Grevilles Rechnung ging auf. Er wurde Alleinerbe des kinderlosen Hamilton, dafür trat er Emma an ihn ab.

Hamiltons begeisterten Gästen führte Emma tänzerische Darstellungen antiker Statuen und Gemälde als lebendige Bilder, so genannte Attitüden, vor. Selbst Goethe, der eine ihrer Darstellungen sah, schrieb begeistert: *»Die Aufführung ist wie nichts, was man vorher gesehen hat. Mit ein paar Schals und Tüchern drückte sie eine Vielzahl wundervoller Transformationen aus. Eine Pose nach der anderen ohne Pause«*. Aber Emma perfektionierte nicht nur Attitüden, sondern sie erhielt professionellen Gesangsunterricht und erlernte Sprachen, wofür sie großes Talent hatte. Um sie hoffähig zu machen, vor allem um ihre Ablehnung durch Königin Maria Karolina, der Ehefrau von König Ferdinand I. von Neapel-Sizilien zu überwinden, beschloss Hamilton, Emma zu heiraten. Die Hochzeit fand 1791 in London mit Zustimmung des britischen Königs statt, war aber als Skandal Tagesgespräch.

Angesichts der Wirren in der Zeit nach der Französischen Revolution wurde auch die politische Lage um das Königreich Neapel-Sizilien problematischer. In dieser Zeit, in der die Existenz des Königreichs von Großbritannien abhing, entwickelte sich eine persönliche Freundschaft zwischen Maria Karolina und Emma, der Frau des britischen Gesandten Nelson. Dieser hatte ein Auge auf Emma geworfen, deren Attitüden auch weiterhin allseitig geschätzt wurden. Nach der Seeschlacht von Abukir (1798) kehrte Nelson nach Neapel zurück. Emma bereitet ihm einen grandiosen Empfang. Die Beziehung zu Nelson nahm nun konkrete Formen an und sie gebar ihm ihre zweite Tochter Horatia.

1803 starb der inzwischen kränkelnde Sir William Hamilton. Ihr blieb eine nicht unerhebliche Rente, die aber für ihren Lebensstil nicht ausreichte. Als dann auch noch Nelson in der Schlacht von Trafalgar sein Leben verlor, hatte Emma keinen Beschützer mehr. Sie war jetzt über 40 Jahre alt, die Schulden häuften sich, sie verlor ihre Figur, ihr Gesichtsausdruck war vom Alkoholkonsum gezeichnet. Sie musste vor ihren Gläubigern fliehen, wurde verhaftet und ins Gefängnis geworfen. Nach ihrer Freilassung zog sie mit Horatia nach Calais, wo sie 1815 starb. Das war das traurige Ende einer ehemals glanzvollen Lebedame – so glanzvoll, dass sogar Gerichte nach ihr benannt wurden. Eines davon ist die »Seezunge Lady Hamilton«.

REZEPT
Seezunge Lady Hamilton

Zutaten (für 4 Personen)

8 Seezungenfilets · 800 g Lachsstreifen · 1 kg Blattspinat
Butter · 4 Oliven · 2 Anchovisfilets · Saft von 1 Zitrone
2 EL Worcestershiresauce

ZUBEREITUNG

1. Den Zitronensaft mit der Worcestershiresauce vermischen, die Seezungenfilets damit beträufeln, einreiben und 10 Min. ziehen lassen.
2. Je zwei Filets mit einem Lachsstreifen und kurz blanchiertem Blattspinat füllen.
3. Dann die Filets auf geklärter Butter grillen oder im Sud pochieren.
4. Anschließend auf jedes Doppelfilet eine halbierte Olive legen und 1/2 Anchovisfilet über die Olive geben.
5. Zur Seezunge wird eine venezianische Sauce gereicht, für die man eine herkömmliche Sauce hollandaise mit püriertem Spinat, Estragon und Petersilie verfeinert.

Ein Meisterstück der Wiener Küche

Josef Wenzel Radetzky von Radetz (1766 – 1858) · Wiener Schnitzel

Die Kunst des Panierens ist schon seit der Antike bekannt und soll ihren Ursprung in Byzanz haben, dann über die Mauren nach Spanien und von dort weiter nach Italien und schließlich auch Österreich gekommen sein. Das Wort panieren ist allerdings französischen Ursprungs (franz.: *paner* = mit geriebenem Brot bestreuen). Es war eine Art Resteverwertung von altem Brot. Heute wird mit dieser Methode Gargut zunächst in Mehl, dann in geschlagenem und gewürztem Ei und letztlich in Paniermehl gewendet. Das so vorbereitete Gargut wird in heißem Fett goldgelb ausgebacken und abschließend auf Krepppapier gelegt, um überschüssiges Fett zu entziehen.

Als einer der Ursprünge des Wiener Schnitzels dürfte das *Costoletta milanese* (= Mailänder Kotelette) gelten, das zwischen dem 14. und 16. Jahrhundert allgemeine Verbreitung fand. Tatsächlich soll es aber erstmals am 17. September 1134 vom Abt der

Ambrosiuskirche in Rom anlässlich des Festmahls zur Feier des heiligen Satyrus, des Bruders des Ambrosius, als einer der neun Gänge des Menüs serviert worden sein. Bald wurde es üblich, das Fleisch mit Blattgold zu überziehen. Damit zeigte man seinen Wohlstand, aber gleichzeitig galt Blattgold bei den Ärzten des ausgehenden Mittelalters als Medizin für das Herz. Als der verschwenderische Luxus überhand nahm, verbot der Rat von Venedig 1514 schließlich das Vergolden von Speisen. Als Ersatz sollen die Köche damals auf das Panieren zurückgegriffen haben.

Der Legende nach soll der österreichische Feldmarschall Radetzky, der nach Italien entsandt worden war, um 1848/49 Aufstände gegen die österreichische Herrschaft niederzuschlagen, in seiner späteren Funktion als Generalgouverneur von Lombardo-Venetien das *Costoletta milanese* schätzen gelernt haben. In seiner Begeisterung für dieses Gericht setzte er den Kaiser am Rande eines militärischen Berichts von der Speise in Kenntnis und ließ das Rezept übermitteln. Am Wiener Hof wurde das Gericht sogleich und sehr zum Gefallen des Kaisers ausprobiert. Allerdings hatte der kaiserliche Koch zwei Änderungen vorgenommen. Er verwandte nämlich anstelle der Weißbrotbröseln knusprig braune Semmelbrösel und anstelle des Koteletts handtellergroß geschnittene Stücke vom Kalbsschlögel (= Kalbsnuss). Das unter diesen Voraussetzungen dargebotene Gericht fand sich dann schon bald – nicht zuletzt auch, weil es dem Kaiser gemundet hatte – unter der Bezeichnung Wiener Schnitzel auf den Speisekarten der Wiener Restaurants. Nur zehn Jahre später war das Wiener Schnitzel schon so berühmt, dass es als »*Côtelettes de veau à la viennoise*« Napoleon III. und seiner Frau Eugénie zum Mittagessen serviert wurde. Doch hat sich die Herkunft des Wiener Schnitzels durch Radetzky niemals bewahrheiten können. Es fehlen einfach die Belege dafür.

Tatsächlich finden sich schon panierte Fleischrezepte in österreichischen Kochbüchern aus der Zeit vor Radetzky. In dem in Wien 1768 erschienen *Bewehrten Koch-Buch* werden kälberne Schnitzel in einem Mehl-Brösel-Gemisch gewälzt und in Schmalz gebacken. Auch andere Autoren der Folgezeit vor Radetzky nehmen ähnliche Zubereitungsarten in ihre Kochbücher auf, so Marianne Lindau 1801, die Autoren Gartler/

Hikman 1810 oder Theresia Ballauf 1822. Doch unabhängig von der Frage, woher das Wiener Schnitzel eigentlich kommt, bedarf diese Kultspeise bei der Zubereitung besonderer Fertigkeit. Das Panier, wie die Österreicher die Panade nennen, darf nicht am Fleisch kleben, muss knusprig sein, muss Blasen schlagen und schlussendlich muss ein Messerrücken zwischen Panade und Fleisch passen. Doch wie die Zeiten so sind, wird inzwischen auch zunehmend Schweinefleisch zum Wiener Schnitzel verarbeitet.

THEMA
Josef Wenzel Radetzky von Radetz

Der spätere Feldmarschall Radetzky wurde 1766 im böhmischen Schloss Trebnitz geboren und starb 1858 in Mailand. Er wurde zum bedeutendsten Heerführer Österreichs im 19. Jahrhundert. Seine militärische Karriere begann er 1784 als Kadett in einem Kürassierregiment. In den napoleonischen Kriegen erhielt er viele Auszeichnungen. Er arbeitete sich bis 1836 in den Rang eines Feldmarschalls empor und war Generalkommandant der österreichischen Armee in Lombardo-Venetien. Sein größter Erfolg war die Niederschlagung der dortigen Aufstände in den Revolutionsjahren 1848/49. Ende 1856 reichte Radetzky sein Abschiedsgesuch beim Kaiser ein. Da war er 90 Jahre alt und hatte 72 Dienstjahre hinter sich!

Radetzky war seit 1798 mit Franziska Gräfin Strasoldo-Graffemberg verheiratet, die zwei Jahre vor ihm starb. Mit ihr hatte er fünf Kinder. Große Probleme bereitet ihm die Verschwendungssucht seiner Frau, die ihm zeitlebens Schulden bereitete. Er hatte sogar seine sterblichen Überreste an den Heereslieferanten Pargfrieder vermacht, der ihm viele Schulden beglichen hatte. Der Kaiser wollte ihn eigentlich in der Kapuzinergruft begraben lassen – das aber ging nun nicht.

REZEPT
Wiener Schnitzel mit Butterkartoffeln

Zutaten

4 Kalbsschnitzel · nach Belieben Butterschmalz

2 Eier · Mehl · Semmelbrösel · 1 EL Sahne · Salz, Pfeffer

Zitronenscheiben

Für die Beilage

12 kleine festkochende Kartoffeln · 4 EL Petersilie

Butter

ZUBEREITUNG

1. Die Kalbsschnitzel waschen und trocken tupfen, die Ränder einschneiden, damit sie beim Braten nicht aufrollen, und von beiden Seiten leicht salzen und pfeffern.
2. Die Kartoffeln kochen, schälen und beiseite stellen.
3. Die Eier aufschlagen, salzen und mit der Sahne verquirlen.
4. Die Kalbsschnitzel in Mehl wenden, leicht andrücken und durch das verquirlte Ei ziehen, danach die Schnitzel auf einem separaten Teller auf den Bröseln von beiden Seiten leicht andrücken.
5. Soviel Butterschmalz in eine große Pfanne füllen, dass das erhitzte Fett 3 Zentimeter hoch ist und die ins heiße Fett unmittelbar nach dem Panieren gelegten Schnitzel komplett bedeckt.
6. Während des Ausbackens der Schnitzel die Pfanne immer wieder leicht schwenken, damit sich die Panade vom Fleisch abhebt und leicht wellt.

Die Lieblingsspeise eines Kriegshelden

Arthur Wellesley, 1. Herzog von Wellington (1769 – 1852) · Filet

Eines der berühmtesten Gerichte der Kochgeschichte ist »Beef Wellington«, benannt nach Sir Arthur Wellesley, dem 1. Herzog von Wellington (1769 – 1852).

Arthur Wellesley wurde um den 1. Mai 1769 im Mornington House in Dublin geboren, der genaue Geburtstag ist nicht mehr bekannt. Nach einer außerordentlich erfolgreichen militärischen Karriere und nachfolgenden politischen Betätigungen, unter anderem als zweimaliger britischer Außenminister sowie als Premierminister, verstarb er am 14. September 1852 in Walmer Castle bei Deal im äußersten Südosten Englands. Das Mornington House war der Sommersitz der späteren gleichnamigen anglo-irischen Grafschaft. Richard Wellesley als Herr im House Mornington wurde 1746 zum Baron Mornington erhoben, sein Sohn Garret 1760 zum Earl of Mornington und gleichzeitig zum Viscount (= Burggraf) Wellesley auf Dangan Castle, wobei er auch den ursprünglichen Familiennamen übernahm. In Dangan Castle verbrachte Arthur Wellesley als dritter überlebender Sohn von Garret seine Kindheit. Nach einer wenig bemerkenswerten Jugend trat er 1787 in die britische Armee ein. Er besuchte die Militärakademie in Angers. 1788 wurde er zum Leutnant und 1793 zum Oberstleutnant befördert.

Die eigentliche militärische Karriere Arthur Wellesleys begann 1794 im 1. Koalitionskrieg gegen Frankreich unter dem Duke of York in Flandern. Die alliierten Truppen konnten die französischen Revolutionstruppen nicht aufhalten und mussten sich zurückziehen. 1796 wurde Wellesley nach Indien abkommandiert, wo er im Laufe der nächsten Jahre erfolgreich gegen viele indische Sultanate kämpfte. 1804 wurde er hoch dekoriert und als *Major General Sir Arthur Wellesley* zum Ritter geschlagen.

Bald danach standen in Europa die Vorzeichen wieder auf Krieg. 1806 verkündete Napoleon die Kontinentalsperre als Wirtschaftsblockade gegen Großbritannien. Da Portugal nicht zuletzt aufgrund seiner Jahrhunderte alten guten Beziehungen zu Großbritannien nicht der Kontinentalsperre beitreten wollte, marschierten französische Truppen auf die Iberische Halbinsel. Wellesley erhielt 1808 den Befehl, mit 13.000 Soldaten gegen die Franzosen in Portugal anzutreten und konnte sie vertreiben. Ein Jahr später kehrten die Franzosen nach Portugal zurück. Erneut wurde Wellesley nach Portugal entsandt und konnte die Franzosen wieder mit einem britisch-portugiesischen Heer schlagen. Bis 1811 unternahmen die Franzosen noch mehrere Versuche, Portugal zu erobern und in den französischen Herrschaftsbereich einzubeziehen. Als dies endgültig misslang, drang Wellesley, inzwischen Lord Wellington, nach Spanien vor und konnte am 12. August 1812 Madrid besetzen, musste dann aber wieder abziehen. Nach der Niederlage Napoleons in Russland erhielten die französischen Streitkräfte in Spanien indes keine Unterstützung mehr. In einer für das Kriegsgeschehen auf der Iberischen Halbinsel entscheidenden Schlacht konnte Wellington im Juni 1813 die Franzosen schlagen. Diese Schlacht beendete Napoleons Herrschaft in Spanien. Nun drang der inzwischen zum Feldmarschall beförderte Wellington über die Pyrenäen unmittelbar gegen Frankreich vor. Zwischenzeitlich hatte Napoleon einen seiner fähigsten

Generäle, Nicolas Jean-de-Dieu Soult, damit beauftragt, Wellington am weiteren Vordringen in Frankreich zu hindern. Er stieß nach Spanien vor, wurde aber wieder zurückgeschlagen. Noch am 10. April, vier Tage nach der Abdankung Napoleons, lieferte Soult Wellington eine Schlacht bei Toulouse. Danach räumte er Toulouse, in das Wellington kurz darauf triumphal einzog.

Am 11. Mai 1814 wurde Arthur Wellesley in Anerkennung seiner Verdienste um das Vaterland durch den britischen Prinzregenten, den späteren König Georg IV., zum Duke of Wellington ernannt. Hier im kleinen Ort Wellington war der neue Herzog begütert und schon 1809 hatte man ihm nach der erfolgreichen Schlacht von Talavera gegen die Franzosen den Titel »Viscount Wellington of Wellington and Talavera« verliehen.

Als Duke of Wellington nahm er zunächst unter Lord Castlereagh, dann als britischer Hauptbevollmächtigter am Wiener Kongress teil, bis Wellington nach der Rückkehr Napoleons nach Frankreich im März 1815 den Oberbefehl über die britischen Truppen im erneuten Kampf gegen Frankreich erhielt. Er setzte nach Belgien über und sammelte seine Truppen im Brüsseler Raum. Südlich von Brüssel kam es am 18. Juni 1815 bei Waterloo zur Entscheidungsschlacht gegen Napoleon. Die britischen Truppen wurden von den Franzosen stark bedrängt, konnten dann aber, nachdem Marschall Blücher nachmittags mit einer starken preußischen Armee auf dem Schlachtfeld erschienen war, gemeinsam mit dieser die Franzosen vernichtend schlagen. Wellingtons überliefertes Stoßgebet »Ich wollte es wäre Nacht, oder die Preußen kämen« war erhört worden! In der Folge musste Napoleon erneut abdanken und wurde nach St. Helena verbannt.

Der Legende nach ließ sich der völlig erschöpfte Wellington am Ende der Schlacht ein Stück französisches Streitross servieren – es entsprach durchaus den damaligen Usancen, nach einer Schlacht die gefallenen Pferde zu verspeisen. Wellingtons Leibkoch ließ sich für seinen siegreichen Feldherrn etwas Besonderes einfallen. Er servierte das mit einer Farce eingestrichene Fleisch in einem Teigmantel und gab eine Sauce Bourguignonne dazu, die er »Sauce Napoleon« nannte, weil sie die Uniformfarbe der Engländer und den Blutzoll der Franzosen symbolisieren sollte. Da man später Rinderfilet für diese Kochrezeptur einsetzte, erhielt das Gericht den Namen »Beef Wellington« – vielleicht auch, weil die Farbe des Fleisches der seiner Reitstiefel entsprach. Das Rezept geriet dann in Vergessenheit, tauchte aber um 1900 erneut in deutschsprachigen Rezeptbüchern auf, bis es der Schweizer Küchenchef Charles Senn auf der Internationalen Kochausstellung in Zürich 1930 international publik machte. Er kreierte ein Rinderfilet, das mit einer Duxelles aus einem Püree gehackter Pilze mit Gänseleberpastete im Blätterteigmantel versehen war.

Der 1. Duke of Wellington ist den Engländern bis heute als eine der größten Persönlichkeiten ihres Landes lebendig. Seine Karriere war längst noch nicht zu Ende. In der Politik nahm er immer wieder führende Positionen ein, konnte seine in hohem Maße konservative Linie letztendlich aber nicht durchsetzen. 1846 zog er sich aus der Politik zurück und verbrachte den Rest seines Lebens auf seinem Landsitz Walmer Castle. Nach seinem Tod erhielt der Duke of Wellington ein Staatsbegräbnis und wurde in der Krypta der St. Paul's Cathedral beigesetzt.

Viele Denkmäler erinnern bis heute an den »Eisernen Herzog« (= *Iron Duke*) – diesen Beinamen erhielt der Duke of Wellington wegen seiner meist unnachgiebigen Haltung in politischen Fragen. Aber auch Wellingtons Streitross *Copenhagen* ist als stur, gleichwohl von Kriegsgetümmel unbeirrbar in der Erinnerung geblieben. Ein Reiterstandbild Wellingtons stand im Hyde Park, war aber Queen Victoria zu überdimensioniert. Nach dem Tod Wellingtons stellte man es auf dem Kasernengelände in Aldershot auf. Übrigens diente das 1912 gebaute Schlachtschiff *HMS Iron Duke* der britischen Marine als Flaggschiff in der 1916 mit der deutschen Hochseeflotte ausgetragenen Skagerrakschlacht.

REZEPT
Beef Wellington mit Sauce Bourguignonne

Zutaten (für 4 Personen)

1 kg Rinderfilet · 300 g tiefgekühlter Blätterteig
500 g Champignons · 1 Zwiebel · 6 EL eiskalte Butter
Pfeffer, Salz · 3 EL Butterschmalz

Für die Sauce

1 Flasche Rotwein · 2 Schalotten
1 Stängel Thymian, 2 Stängel Petersilie · 1 Lorbeerblatt
50 g Champignons · 75 g Butter · 30 g Mehl
Pfeffer, Salz · 1 Prise Thymianblättchen
Mehl für die Arbeitsfläche
1 Eigelb

ZUBEREITUNG

1. Den Blätterteig auftauen, die Champignons putzen und fein hacken, die Zwiebel schälen und fein hacken.
2. In einer großen Pfanne 2 Esslöffel Butter erhitzen und die Zwiebel darin andünsten, die Pilze mitdünsten, die Pfanne vom Herd nehmen und abkühlen lassen.
3. Das Filet parieren, mit Pfeffer einreiben und in einem Bräter von allen Seiten in Butterschmalz kräftig anbraten, herausnehmen, abkühlen lassen und salzen.

4. Die Pilzmasse mit der restlichen eiskalten Butter in Stücken im Mixer fein pürieren, mit Salz, Pfeffer und Thymian abschmecken. Bis zu Weiterverarbeitung in den Kühlschrank stellen.
5. Blätterteigplatten auf einer bemehlten Arbeitsfläche aufeinander legen und dünn zu einem Rechteck ausrollen, auf der Mitte der Teigplatte ein Drittel der Pilzfarce verteilen, das Filet darauf setzen und mit dem Rest der Farce bestreichen.
6. Den Teig sorgfältig um das Fleisch hüllen, an den Nahtstellen fest andrücken und mit dem verquirlten Ei bepinseln.
7. Das Filet auf einem Blech auf der mittleren Schiene etwa 30 Minuten in dem auf 200° Celsius vorgeheizten Backofen backen, bis die Oberfläche goldbraun geworden ist, und anschließend etwa 15 Minuten im ausgeschalteten Ofen bei geöffneter Tür ruhen lassen.
8. Zubereitung der Sauce: Den Rotwein mit den gehackten Schalotten, Thymian, Petersilie, Lorbeerblatt und geputzten, blättrig geschnittenen Champignons 10 Minuten kochen, durch ein Sieb passieren, ein Drittel der Butter mit dem Mehl verkneten, in die Sauce rühren, gut durchkochen lassen, die restliche Butter mit einem Schneebesen unterziehen und abschließend abschmecken.
9. Beef Wellington hat sich längst als Festtagsspeise durchgesetzt. Früher reichte man Schwarzwurzeln dazu. Aber wer macht sich heute noch die Arbeit, Schwarzwurzeln zuzubereiten? Alternativ bieten sich Prinzesskartoffeln oder Rosenkohl an.

Ein Riesensteak für England

Francois René de Châteaubriand (1768 – 1848) · Steak

Francois-René de Châteaubriand, geboren 1768 in Saint-Malo, war ein französischer Landadeliger und berühmter Schriftsteller der Romantik. Zeit seines Lebens blieb er Royalist, war aber gleichzeitig liberalen Geistes. So ergab es sich zwangsläufig, das er mit den politischen Umbrüchen der französischen Revolutionszeit, des Kaiserreichs unter Napoléon und der nachfolgenden Restaurationszeit in Schwierigkeiten geriet. 1786 trat er in die Armee ein und stand zunächst der Revolution offen gegenüber. Als die politischen Verhältnisse immer radikaler wurden, schloss er sich der Exilarmee an, die mit Preußen und Österreich gegen das revolutionäre Frankreich kämpfte. Nach einer Verwundung emigrierte er nach London und begann hier seine schriftstellerische Tätigkeit. 1800 kehrte er, dem Ruf Napoleons an die emigrierten Adeligen folgend, nach Frankreich zurück und publizierte dort das anti-aufklärerische Buch *Le Génie du*

Christianisme (Der Geist des Christentums). Darin eingeflochten waren zwei seiner berühmtesten Romane »*Atala*« und »*René*«. Unter Napoleon begann Châteaubriand eine diplomatische Karriere. Als aber Napoleon den potentiellen bourbonischen Thronerben entführen, verurteilen und erschießen ließ, demissionierte er. In den folgenden Reisejahren war er vermehrt schriftstellerisch tätig. In der nachnapoleonischen Zeit, als die Bourbonen mit Ludwig XVIII. wieder den König stellten, trat er erneut in den diplomatischen Dienst ein, den er im Gefolge der Juli-Revolution 1830 wieder verließ. Jetzt kam die Zeit seines Spätwerks als Meister einer bilderreichen Sprache, die mit seiner Autobiografie »*Mémoires d'outre-tombe*« (Erinnerungen von jenseits des Grabes) seinen Höhepunkt fand. 1848 starb er, inzwischen schwer an Gicht erkrankt, in den Armen seiner Geliebten Juliette Récamier – aus seiner 1792 geschlossenen Ehe hatte er sich nie viel gemacht.

Als Châteaubriand im diplomatischen Dienst als französischer Botschafter in London weilte, wollte er den Engländern zeigen, wie man ihre berühmten Steaks noch übertrumpfen könne. Sein Koch Montmirel erfüllte ihm diesen Wunsch mit einem Rezept, das seither den Namen seines Chefs trägt: »Châteaubriand« – das extradicke Filetsteak aus der Rinderlende. Böse Zungen behaupten dagegen, dass ein weithin unbekannter Koch namens Chabrillan dieses »Riesensteak« erfunden habe. Bei der Benennung handele es sich nur um eine Namensverdrehung.

REZEPT
Châteaubriand

Zutaten (für 4 Personen)

1 großes Stück Rinderfilet 600 – 800 g · 1 Bund Thymian
2 Zweige Rosmarin · Salz, Pfeffer · Olivenöl
Butterschmalz

ZUBEREITUNG

1. Sehnen und Häute vom Filetstück entfernen.
2. Butterschmalz und Olivenöl in einer Pfanne erhitzen.
3. Das Filetstück in der Pfanne von allen Seiten anbraten.
4. Ein Backblech mit Folie belegen, das angebratene Filetstück mit Salz und Pfeffer würzen, auf das Blech geben, Rosmarin und Thymian darauf verteilen und in den auf 120°C vorgeheizten Backofen schieben.
5. Das Filetstück ca. 30 Minuten im Ofen garen – es ist fertig wenn die Innentemperatur 60° erreicht hat.

ANMERKUNGEN

1. Die Innentemperatur des Filetsteaks misst man am besten mit einem Fleischthermometer. Das Fleisch sollte auf jeden Fall innen noch rosa sein.
2. Traditionell wird Châteaubriand mit Sauce béarnaise, einer Gemüseplatte und gebratenen Kartoffeln gereicht.

Auf die schnelle Zubereitung kommt es an

Graf Grigori Alexandrowitsch Stroganoff (1770 – 1857) · Rinderfiletstreifen

Die Geschichte vom Gericht Bœuf Stroganoff ist eng verbunden mit der russischen Grafenfamilie Stroganoff, eine der reichsten Familien im Zarenreich. Ihre Ursprünge reichen bis in das 14. Jahrhundert zurück, in dem ihre Vorfahren Bauern am Weißen Meer waren. Salzabbau und Salzhandel legten den Grundstein für ihr Vermögen im 15. Jahrhundert. Als Günstlinge der Zaren, denen sie militärisch und finanziell unter die Arme griffen, wurden sie mit großem Landbesitz und dem Handelsmonopol über Sibirien belohnt. In der Ballade aus der 1958 verfassten Revue »Es ist angerichtet« des Kabarettisten Friedrich Hollaender heißt es dazu: *»Stroganoff, ein Großfürst einst am Zarenhoff – wo sonst? war ein eifersüchtger Gatte, der in Omsk, gleich bei Imsk und nur vierzehn Werst von Umsk ein großes Gut – was für'n Gut! So ein Gut! Na, schon gut! Kurz und gut: ein Gut von tausend Seelen hatte«*. Am Ende der Zarenzeit besaßen die

Stroganoffs in Sibirien sieben Millionen Hektar Land. Sie waren aber auch Mäzene, Bankengründer und Universitätsfinanziers.

Graf Grigori Alexandrowitsch Stroganoff (1770 – 1857) galt als großer Menschenfreund. Jeder, der sein Anwesen betrat, sollte sofort bewirtet werden. Keine leichte Aufgabe für seine Köche. Sie schufen ein Gericht aus feinen Streifen des Rinderfilets, das – wie im Wok – schnell zubereitet werden konnte und auch genauso schnell aufgetischt werden musste, weil sonst das Fleisch an Zartheit verlieren würde. Kein Wunder, dass dieses Gericht als Bœuf Stroganoff bekannt wurde. Die gleiche Geschichte wird von seinem Nachfahren Graf Sergej Grigorjewitsch Stroganoff, erzählt. Er ging nach der Russischen Revolution ins Exil, wo er 1923 im Alter von 96 Jahren starb. Seine Lebensgewohnheiten hatte er mit ins Exil genommen. Dort war die französische Gastronomie überrascht von seinem Gericht Bœuf Stroganoff, das schon bald Einzug in die Speisekarten der Pariser Restaurants fand. Unter Einfluss der französischen Küche nahm das Rezept seine heutige Zubereitungsweise an, nach der das Fleisch in kleine Stücke geschnitten und dann angebraten wird. Nach der allerersten Erwähnung in dem 1861 erschienenen russischen Kochbuch »Geschenk für junge Hausfrauen« von Jelena Molochowetz (russisch: Елена Молоховец, »Подарок молодым хозяйкам«) hieß es noch, dass das Rindfleisch in kleine Würfel geschnitten und mit Salz und Pfeffer eingerieben zunächst zwei Stunden lang ziehen sollte. Die Sauce wurde aus Fleischbrühe, Butter und etwas Senf zubereitet, das mit Zwiebeln angebratene Fleisch darin bei schwacher Hitze gegart und ganz zum Schluss mit zwei Esslöffeln saurer Sahne, einem Ei und Tomatenpaste verfeinert.

Heutige Rezepturen für Bœuf Stroganoff verzichten vielfach auf den Senf, dafür kommen Gewürzgurken, Zitronensaft oder Essig, beziehungsweise Pilze zum Einsatz.

REZEPT
Bœuf Stroganoff

Zutaten

1 kg Rinderfilet · 200 g Zwiebeln · 200 g frische Champignons
100 g Gewürzgurken · 100 g Rote Bete · 100 g Fett · 1 EL Senfsauce
125 ml saure Sahne · 1 Glas Rotwein · Salz, Pfeffer, Petersilie

ZUBEREITUNG

1. Das Filet in Streifen schneiden, in der Pfanne im erhitzten Fett anbraten und mit Salz und Pfeffer würzen, danach warm stellen.
2. In der Pfanne die fein geschnittene Zwiebel glasig dünsten, die in Scheiben geschnittenen Pilze dazu geben.
3. Den Rotwein und die saure Sahne zum Zwiebelsud dazu geben und alles zusammen aufkochen.
4. Die in Streifen geschnittenen Gurken und Rote Bete dazu geben, mit Senf abschmecken.
5. Das Fleisch in die Sauce geben, kurz noch einmal aufkochen, abschmecken und mit frisch gehackter Petersilie servieren.
6. Als Beilagen eignen sich Reis, Nudeln oder Bratkartoffeln.

Eis von der feinen Sorte

Hermann Ludwig Heinrich Fürst von Pückler-Muskau (1785 – 1871) · Fürst-Pückler-Eis

Hermann Ludwig Heinrich Graf von Pückler-Muskau, ab 1822 Fürst von Pückler-Muskau, wurde 1785 auf Schloss Muskau geboren und starb 1871 auf Schloss Branitz. Er ist der Nachwelt in vielerlei Hinsicht bekannt. Weltberühmt sind seine von ihm gestalteten Gartenanlagen, als Schriftsteller war er zu seiner Zeit äußerst erfolgreich und sein Eis ist bis heute in aller Munde. Sein Hang zum Extravaganten gab ihm den Beinamen »der tolle Pückler«. Diese Extravaganz bezog sich auf seinen Lebensstil, seinen Hang zu Duellen, seine zweifelhafte Vorliebe für junge Frauen, seinen Geschmack an auserlesenen Speisen und nicht zuletzt auf seine Reisen in die entferntesten Gegenden der Erde.

Fürst Pückler begann nach einer schwierigen Jugend- und Schulzeit und abgebrochenem Jurastudium eine militärische Laufbahn. 1811 übernahm er nach dem Tod seines Vaters die Freie Standesherrschaft Muskau. Doch er war ein unruhiger Geist und begann das Reisen. In England war er tief beeindruckt von der dort aufkommenden Landschaftsgarten-Architektur. Jahrzehnte arbeitete er daran, seinen Schlosspark in Muskau nach englischem Vorbild mit seinem berühmt gewordenen Konzept der Blickachsen umzugestalten. Extravagant wie er war, scheute er keine Kosten, ließ sogar das Bett der Neiße umleiten und ging dabei fast bankrott. Doch dann rettete ihn seine einträgliche Reiseschriftstellerei. Er verkaufte 1845 seine Herrschaft Muskau und zog sich auf sein Erbschloss Branitz bei Cottbus zurück, das er umbauen ließ und erneut mit einem Landschaftsgarten versah. Hier starb er auch hochbetagt im Jahr 1871. Übrigens steht der Muskauer Fürst-Pückler-Park, der sich heute teilweise auch auf polnischem Gebiet befindet, schon lange auf der Liste des Weltkulturerbes.

Das Rezept für das Fürst-Pückler-Eis verdankt die Nachwelt dem königlich-preußischen Hofkoch Louis Ferdinand Jungius, der bei König Friedrich Wilhelm III. tätig war und von 1817 bis 1819 für Fürst Pückler arbeitete. Diese Eiskreation widmete der Koch seinem Arbeitgeber und führte es unter dessen Namen in seinem 1839 erschienenen »Allgemeinen deutschen Kochbuch für mittlere und kleinere Haushaltungen« auf. Es handelte sich um kein Eis im heutigen Sinn, sondern ein Halbgefrorenes (Demi-Glace) aus drei Schichten, mit gezuckerter Sahne und Früchten in den Farben Grün, Rot und Gelb. Für die Zubereitung teilte man Sahne in drei gleiche Teile, vermischte jedes Teil mit farblich passenden Früchten, schichtete alles zusammen in eine passende Form und fror es dann ein. Wenn im Winter keine passenden frischen Früchte zur Hand waren, nahm man drei nicht allzu flüssige Konfitüren für die Sahnemischung. Solcherlei geschichtetes Eis gab es allerdings auch schon vor Jungius' Zeit und war unter der englischen Bezeichnung *Neapolitan ice cream* oder *Neapolitan slice* (Neapolitanische Schnitte) bekannt.

Im Laufe der Zeit entwickelte sich aus dem Fürst-Pückler-Eis zunächst eine Eiszubereitung aus Schokoladen-, Erdbeer- oder Himbeereis und einer mit Maraschino (Kirschlikör) aromatisierten hellen Makronen-Masse. Auf die Makronenmasse verzichtet man heute und bietet dafür eine Kombination von Schokoladen- und Erdbeer- oder Himbeer- mit Vanilleeis als Fürst-Pückler-Eis an.

REZEPT

Fürst-Pückler-Eis

(für eine Kastenform von 1,5 Liter Inhalt)

Zutaten

50 g Schokolade · 500 g Schlagsahne
150 g Zucker · 1 Vanilleschote · 1 Eigelb
50 g frische Erdbeeren

ZUBEREITUNG

1. Zur Vorbereitung die Kastenform mit Pergamentpapier auslegen, Sahne und Zucker steif schlagen und in drei Portionen teilen.
2. Für die erste Schicht Schokolade im Wasserbad schmelzen und soweit abkühlen lassen, dass sie noch zu verarbeiten ist. Mit einer Sahneportion vermischen, in die Kastenform füllen und anfrieren lassen.
3. Für die zweite Schicht Vanillemark und Eigelb mit dem zweiten Teil der Sahne verrühren, auf die Schokoladenschicht streichen und ebenfalls anfrieren lassen.
4. Für die dritte Schicht die Erdbeeren pürieren, mit der letzten Sahneportion verrühren und auf die Vanilleschicht streichen.
5. Das Eis über Nacht gefrieren lassen.
6. Danach die Kastenform kurz in heißes Wasser tauchen, das Eis heraus stürzen und das Papier entfernen.
7. Zum Servieren das Eis quer in Scheiben schneiden (so dass man die Farbgestaltung sieht), mit Früchten garniert und/oder mit Sahne, Minzeblättchen und Schokoladenstreuseln bedeckt anrichten.

Eier, Öl, Essig, Gürkchen und Senf

Alexandre Dumas, eigentlich Marquis Davy de la Pailleterie (1802 – 1870) · Sauce Dumas

Alexandre Dumas, eigentlich Alexandre Dumas Davy de la Pailleterie (1802 – 1870), Enkel eines Kreolen und einer Farbigen aus Haiti und Sohn eines draufgängerischen Generals der französischen Revolutionszeit, hinterließ seiner Nachwelt über 300 Romane, darunter die weltweit bekannten Werke »Die drei Musketiere« und »Der Graf von Monte Christo«. Weniger bekannt ist er als Verfasser des »Grand Dictionaire de Cuisine« (Großes Küchenlexikon).

Alexandre Dumas hatte ein bewegtes Leben. Unehelich geboren, nahm er 14-jährig einen Posten als Schreiber in einem Advokatenbüro an und erhielt dann durch Protektion eine Stellung im Büro des Duc d'Orléans, des späteren französischen Königs Louis-Philippe. 1824 wurde er selbst Vater eines unehelichen Sohnes: des späteren Autors Alexandre Dumas der Jüngere, der mit der »Kameliendame« Weltberühmtheit erlangte. Der Vater hatte mit seinem schriftstellerischen Talent bald großen Erfolg, lebte auf großem Fuß, nahm viel Geld ein und gab noch mehr aus und musste mehrere Jahre vor seinen Gläubigern fliehen. Geblieben ist ihm sein ganzes Leben lang seine Vorliebe für gutes Essen und Trinken.

Geblieben ist auch eine Legende von ihm, der die Nachwelt die »Sauce Dumas« verdankt. Danach verschlief Alexandre Dumas auf einer Bahnfahrt nach Mâcon den Ausstieg und musste in Dijon übernachten. Es war schon 11 Uhr abends, als er im Hotel du Parc zu speisen gedachte. Die Küche konnte aber nur noch zwei Hammelkoteletts und ein halbes Huhn bieten. Seiner Bitte um Dijonsenf wurde milde entgegnet, dass das Haus viele Senfsorten biete, speziell auch solche für Herren und solche für Damen. Auf die Frage, was den Frauensenf ausmache, erklärte ihm der Kellner, dass dieser sanfter sei. Alexandre Dumas bat um Proben beider Senfe. Es war eine Geschmacksoffenbarung für ihn! Dumas ließ die Koteletts warm stellen und bat zusätzlich um Thunfisch und Ölsardinen, die er auf einem Teller zerdrückte. Dann fügte er zwei hartgekochte Eier und ein klein gewürfeltes Cornichon hinzu und würzte das Ganze mit dem mildem und dem scharfen Senf. Am Ende schmeckte er noch mit Tafelessig ab und ließ alles durch ein Sieb streichen. Fertig war die himmlische »Sauce Dumas«!

GRAND DICTIONNAIRE

CUISINE

ALEXANDRE DUMAS

REZEPT
Sauce Dumas

Zutaten

4 Eigelbe · 1 EL Thunfisch · 1 Sardellenfilet
5 Cornichons · 3 EL Olivenöl · 2 EL Weißweinessig
1/2 EL scharfer Senf · 1/2 EL milder Senf
1 TL gehackte Petersilie · Pfeffer, Salz

ZUBEREITUNG

1. Das Eigelb von vier hartgekochten Eiern mit dem Olivenöl, dem Senf und dem Weißweinessig verrühren.
2. Den Thunfisch, das Sardellenfilet, die Petersilie und die Cornichons sehr fein hacken und dazu geben.
3. Die Sauce gut verrühren und mit Salz und Pfeffer abschmecken.
4. Evtl. die Sauce mit Sahne verdünnen.

ANMERKUNG

1. Sauce Dumas passt hervorragend zu jeder Art von Gemüse und allen Fleischsorten

Ein Geschenk für einen Fürsten

Otto von Bismarck (1815 – 1898) · Hering

Im Jahr 1853 gründete der gelernte Kaufmann und Brauer Johann Wiechmann ein Geschäft am Neuen Markt in Stralsund. Kurze Zeit darauf gewann er 1.000 Goldmark in der Lotterie, erwarb ein Haus in der Fährstraße 21 und gründete dort ein neues Geschäft. Im Hinterhof stellte er mit Hilfe seiner Frau entgrätete und in kleinen Holzfässern sauer eingelegte Heringe her. Im Geschäft gingen sie einzeln über die Ladentheke, wurden aber auch fassweise versandt. Als Verehrer Otto von Bismarcks sandte Johann Wiechmann dem preußischen Politiker ein Fässchen Heringe zu dessen Geburtstag. Bismarck schien von dem Geschenk angetan zu sein und bedankte sich in einem Antwortschreiben. So wird ihm der Ausspruch zugeschrieben: »*Wenn Heringe genau so teuer wären wie Kaviar, würden ihn die Leute weitaus mehr schätzen*«.

Nicht ohne kommerzielles Interesse sandte der Kaufmann Bismarck aus Anlass der Reichsgründung ein weiteres Fässchen der eingelegten Heringe, verbunden mit der

Bitte, seinen Fischen den Namen Bismarckhering geben zu dürfen. Nun kam es damals in Mode, alles Mögliche nach Bismarck zu benennen – Bismarcktürme, Bismarckkuchen, Bismarckdenkmale, warum nicht auch Heringe? Bismarck stimmte zu und seither wurden die Bismarck-Heringe aus der Wiechmannschen Manufaktur zum Verkaufsschlager. Die schriftliche Einwilligung Bismarcks hing bis zum 21. Oktober 1944 eingerahmt im Laden. Der alliierte Bombenangriff vernichtete auch dieses Dokument. Den »echten« Bismarckhering gibt es aber bis heute noch im Fischgeschäft Rasmus in Stralsund. Bundeskanzlerin a.D. Angela Merkel, deren Wahlbezirk Stralsund war, nutzte gern die Gelegenheit, Gäste von diesem eingelegten Hering kosten zu lassen. Präsident George W. Busch erhielt sogar ein ganzes Fass davon bei seinem Staatsbesuch im Jahr 2006.

REZEPT
Bismarckhering

Zutaten

10 Heringe · 3/4 l Kräuteressig · 3 EL Salz · 1 Prise Zucker
1 EL Öl · Gewürz: Pfefferkörner, Senfkörner, Lorbeerblatt
1 in Streifen geschnittene Gemüsezwiebel
1 kleiner Knollensellerie in Würfeln
1 Möhre in Scheiben

ZUBEREITUNG

1. Die Heringe zu Heringslappen entköpfen, entgräten und filetieren.
2. Aus den Zutaten (1/2 Zwiebel beiseite legen) einen Sud fertigen und die Heringslappen darin 2 Tage ziehen lassen.
3. Anschließend aus dem Sud nehmen und mit Zwiebelringen belegt servieren.

Zwei Marmeladenschichten zum Glück

Franz Sacher (1816 – 1807) · Torte

Schon im Salzburger Kochbuch des Conrad Hagger aus dem Jahr 1719 sind Schokoladenkuchen-Rezepte enthalten, die jedoch noch eher an Schokoladenbrot erinnern. Das Mehl wurde durch geriebene Schwarzbrotbrösel ersetzt und der Teig mit Dutzenden von Eiern gebacken. Auch Schokoladenüberzüge sind in diesem Kochbuch schon erwähnt. Bis weit in das 19. Jahrhundert hinein konnten jedoch Schokoladentorten in der Qualität der heutigen Sachertorte noch nicht gefertig werden. Dazu war die damalige Konsistenz der Schokolade zu bröselig. Und auch die Verarbeitungsverfahren zur Herstellung einer glänzenden Glasur gab es erst mit der Entwicklung von Milchschokolade aus Milchpulver und einer größeren Beigabe von Kakaobutter (Conchierverfahren). Die brüchig-sandige Konsistenz der damals handelsüblichen Schokolade, die zudem bitter im Geschmack war, erhielt auf diese Weise die hoch geschätzte feincremige, zart schmelzende Struktur. So kann man sich heute gar nicht mehr vorstellen, wie die Torte aussah, die der Kochlehrling Franz Sacher 1832 »erfand«. Franz Sacher wurde 1816 als Sohn eines Schlossverwalters des Fürsten Metternich geboren. Er ging in die Lehre des fürstlichen Hofkochs Champellier. Der Legende nach soll der Fürst im Jahr 1832 den Hofkoch mit der Bemerkung *»Dass er mir aber keine Schand' macht heut Abend!«* um ein besonderes Dessert für seine Gäste gebeten haben. Da der Hofkoch erkrankte, war es nun die Aufgabe des Kochlehrlings Franz Sacher im zweiten Lehrjahr, sich dafür etwas einfallen zu lassen. Die vom Lehrling komponierte Schokoladentorte soll den Gästen sehr gefallen haben.

Der talentierte Jungkoch Franz Sacher wurde später vom Küchenchef Impère der Fürstin Esterházy für deren Wiener Residenz abgeworben. Danach wechselte er für vier Jahre in die Küche des Grafen Nikolaus Esterházy, wo er im Sommer auf dessen Gütern in Totis und Csakvar und im Winter im Palais des Grafen in Wien kochte. Hier lernte er das Küchenmädchen Rosa Wieninger kennen, das er 1840 heiratete. 1841 war Franz Sacher dann als Koch bei Gräfin Rosine Esterházy in Pressburg und in Zeliz im mittelslowakischen Barser Komitat tätig. Hier wurde nach seinem ersten Sohn Franz 1843 sein zweiter Sohn Eduard geboren. Nach mehreren weiteren Anstellungen eröffnete Franz Sacher in Wien eine Feinkost- und Weinhandlung, in der er auch seine Schokoladentorte anbot. Zusätzlich führte er bis 1871 das Grand Hôtel de l'Europe in Wien. 1881 zog sich Franz Sacher nach Weikersdorf bei Baden zurück, wo er 1907 starb.

Franz' Sohn Eduard Sacher schloss bei der Hofzuckerbäckerei Demel eine Lehre ab, wo er das Rezept der Schokoladentorte seines Vaters weiter verfeinerte. Er machte sich dann als Wirt selbständig. 1876 errichtete er anstelle des früheren Kärntnertortheaters das Hotel Sacher, das seine Frau Anna nach seinem frühen Tod ab 1892 weiter führte. Aus seiner Ehe mit Anna gingen die Kinder Eduard junior, Franziska und Anna hervor. Nach dem Konkurs des Hotels im Jahr 1934 arbeitete Eduard jun. wiederum bei Demel, wo die von seinem Vater perfektionierte Original-Sacher-Torte verkauft wurde. 1938 begannen dann die Streitigkeiten mit den neuen Besitzern um das Recht, Sachertorte anbieten zu dürfen. Der Krieg unterbrach die Querelen, die dann nach dem Krieg wieder aufbrachen. Nach jahrelangem Streit um Marmeladenschichten und gar die

Verwendung von Margarine anstelle von Butter kam es 1963 zur außergerichtlichen Einigung. Seither unterscheidet sich die »Original-Sacher-Torte« mit zwei Marmeladenschichten, eine unterhalb der Schokoladenschicht und eine in der Mitte des Bodens, von der »Demel's Sachertorte« dergestalt, dass diese mit nur einer Marmeladenschicht unterhalb der Kuvertüre versehen ist.

REZEPT
Sachertorte

Zutaten

130 g Weizenmehl · 130 g Butter · 10 g Backpulver
1 Päckchen Vanillezucker · 6 Eier · 130 g Schokoladenkuvertüre
110 g Zucker · Marillenmarmelade

Für die Glasur

150 g Schokolade · 200 g Zucker · 125 ml Wasser

ZUBEREITUNG

1. Die Butter zimmerwarm erwärmen, die Schokolade schmelzen und langsam in die Butter rühren, dann Zucker, Eigelbe und Vanillezucker zugeben.
2. Alles zusammen zu einer schaumigen Masse mixen.
3. Die Eiweiße steif schlagen.
4. Mehl und Backpulver mit dem Eischnee unter die Masse heben.
5. Eine Springform (26 cm Ø) mit Butter einfetten und innen mit Mehl bestäuben.

6. Die Masse in die Springform füllen und diese in dem vorgeheizten Backofen (165° Ober- und Unterhitze) 1 Stunde backen.
7. Nach der positiven Zahnstocherprobe die Form aus dem Ofen nehmen, die Torte aus der Form stürzen
8. Die Marillenmarmelade erwärmen.
9. Die abgekühlte Torte horizontal in der Mitte durchschneiden und innen mit der Marmelade bestreichen, wieder zusammensetzen und die Torte von oben mit dem Rest der Marmelade bestreichen.
10. Für die Glasur Zucker mit Wasser erhitzen, bis sich der Zucker gelöst hat, den Topf vom Herd nehmen und die zerkleinerte Schokolade einrühren, dann die Glasur lauwarm über die Oberfläche der Torte geben und mit einer Palette schnell auch über den Rand verteilen, danach die Glasur einige Stunden aushärten lassen.

ANMERKUNG

1. Das Österreichische Lebensmittelbuch beschreibt die Sachermasse (= Tortenteig) wie folgt: Sachermasse besteht aus Mehl, Butter (Milchfett), Eiern, Zucker und Schokolade.
2. Der Anteil an Schokolade beträgt mindestens 15 %, bezogen auf das Rezeptgewicht der Sachermasse. Es werden nur Schokoladen mit mindestens 35 % Gesamtkakaotrockenmasse bzw. Schokoladenkuvertüre verwendet. Ein teilweiser Ersatz von Mehl durch native Stärke ist zulässig. Zur Geschmacksabrundung können Zutaten wie Salz, Vanille, Vanillin, Ethylvanillin, Rum oder Inländerrum zugesetzt werden.
3. Der Sachermasse können zusätzlich Walnüsse, Haselnüsse oder Mandeln beigefügt werden; dies wird in der Bezeichnung zum Ausdruck gebracht, z. B. »Nuss-Sacher« oder »Sachertorte mit Mandeln«.

Das Leibgericht der »Grauen Eminenz«

Friedrich August Karl Ferdinand Julius von Holstein (1837 – 1909) · Schnitzel Holstein

Friedrich August Karl Ferdinand Julius von Holstein (1837 – 1909) entstammte einem alten mecklenburgischen Adelsgeschlecht. Der gelernte Jurist trat 1860 in den preußischen diplomatischen Dienst ein. Hier gelangte er, unter anderem gefördert durch Otto von Bismarck, bis in eine Spitzenposition. Klug, sprachgewandt, auf seine Chancen wartend, scheute er keine Intrigen, um auf der Karriereleiter noch weiter emporzusteigen. Gerade in der Fähigkeit, eingefädelte Intrigen zu verschleiern, hatte er es zur wahren Meisterschaft gebracht, weshalb ihn der einflussreiche Publizist Maximilian Harden als »Graue Eminenz« bezeichnete. Und Bismarck nannte ihn einmal den "Mann mit den Hyänenaugen". Ab den 1880er-Jahren distanzierte sich der Geheimrat Holstein zunehmend von Bismarck. Sein Netzwerk in den politischen Kreisen Berlins war aber so weitläufig gestrickt, dass er seine Position selbst nach Bismarcks Demission

1890 bewahren konnte. Angesichts der sich verändernden politischen Weltlage zu Beginn des 20. Jahrhunderts betrieb er die so genannte Erste Marokkokrise (1904 – 1906), ausgelöst durch die Rivalität Frankreichs und des Deutschen Reiches um den Einfluss in Marokko. Doch anstelle der erhofften Schwächung Frankreichs näherten sich England und Frankreich aneinander an. Holstein war mit seiner Politik gescheitert und hatte die deutsche Position in Europa und der Welt geschwächt. Als er deswegen seinen Rücktritt anbot, war er überrascht, dass dieser 1806 angenommen wurde, hatte er doch insgeheim mit dessen Ablehnung gerechnet

Der zeitlebens unverheiratet gebliebene Geheimrat war seinen Zeitgenossen bekannt als Arbeitstier, der immer in Eile war und sich bei Geschäftsessen ungern stören ließ – ein Workaholic würde man heute sagen. Deshalb bestellte er in seinem Berliner Stammlokal »Borchardt« immer das komplette Menü auf einen Schlag. Das soll von einem neuen Koch falsch verstanden worden sein. Dieser richtete alle Teile des Menüs auf einem Teller an: Kalbsschnitzel natur, belegt mit Spiegelei und gehackten Kapern, dazu geröstete und mit Räucherlachs, Sardellen, Ölsardinen oder Kaviar belegte kleine Weißbrotscheiben und Kartoffeln als Beilage. Daraus wurde das Tellergericht »Kalbsschnitzel à la Holstein« oder einfach »Schnitzel Holstein«. Indes gibt es Stimmen, die diese Version ins Reich der Legenden verweisen und vielmehr davon ausgehen »à la Holstein« sei ein Hinweis auf eben diese Region, was mit dem Fisch auf dem Teller ja durchaus Sinn macht.

REZEPT
Schnitzel Holstein

Zutaten (für 4 Portionen)

4 Kalbsschnitzel · 1 EL Mehl · Bratfett · Pfeffer, Salz
4 Eier · 2 Sardellenfilets · 2 TL Kapern · 4 Scheiben Weißbrot · 30 g Butter
4 Ölsardinen · 4 Scheiben Lachs · etwas Kaviar

ZUBEREITUNG

1. Die Kalbsschnitzel in Mehl wenden, in der Pfanne in heißem Fett braten, salzen, pfeffern und warm stellen.
2. Spiegeleier braten und auf die Schnitzel legen.
3. Die Spiegeleier kreuzweise mit Streifen von Sardellenfilets belegen und mit Kapern garnieren.
4. Weißbrot toasten, in kleine Dreiecke schneiden, mit Butter bestreichen, abwechselnd mit Ölsardinen, Räucherlachs und Kaviar belegen und auf einem Teller um die Schnitzel drapieren.

ANMERKUNG

1. Zu Holsteins Zeiten waren Salzkartoffeln als Sättigungsbeilage üblich. Es können aber genauso gut Butterbohnen, gedünstete Champignons oder Bratkartoffeln sein.

Er liebte seine überbackenen Austern

John Davison Rockefeller (1839 – 1937)

John Davison Rockefeller (1839 – 1937) gilt als der erste Milliardär der Weltgeschichte. Der Ursprung seiner Familie liegt im Westerwald und kann bis in das 16. Jahrhundert zurückverfolgt werden. Der Name leitet sich von der Ortschaft Rockenfeld im Westerwald ab, den es heute nicht mehr gibt. Der älteste bekannte Vorfahre von John D. Rockefeller ist Goddard Rockenfelder, geboren 1590 in Fahr, einem heutigen Ortsteil von Neuwied am Rhein. Sein Enkel Johann Peter Roggenfeller wurde am 17. Oktober 1681 in Segendorf geboren. Am 1. Dezember 1707 heiratete er Elisabeth Cristina, geborene Remagen. In zweiter Ehe heiratete er am 29. Oktober 1720 Elisabeth Christina Runkel. Aus der ersten Ehe gingen fünf Kinder hervor, aus der zweiten ebenfalls fünf Kinder. Katharina Roggenfeller wurde am 3. oder 9. März 1722 noch in Deutschland geboren. Nach der Geburt dieses Kindes wanderte das Ehepaar mit zwei seiner Kinder aus erster Ehe und ihrer gemeinsamen Tochter nach Amerika aus, wo sie am 17. Juni desselben Jahres in New Jersey unter dem Namen Catherine getauft wurde. Die vier weiteren Kinder, drei Mädchen und der Junge Wilhelm, kamen dann ebenfalls in New Jersey zur Welt. Hier nannte sich die Familie nun Rockefeller. Johann Peter Rockefeller starb 1765 in Amwell, Hunterdon, New Jersey.

John D. Rockefellers Eltern hatten sechs Kinder. Er war davon der älteste. Der Vater war eine eher zwielichtige Person. Um 1855 verließ er die Familie, nachdem sie alle nach Cleveland, Ohio, gezogen waren. Hier erhielt John D. eine Stelle beim Speditionsunternehmen Hewitt&Tuttle als Hilfsbuchhalter. Er konnte sich hocharbeiten, weil er mit großem Geschick Transportaufgaben über kombinierte Eisenbahn- und Schiffswege löste. Mit seinem Partner Maurice Clark arbeitete er schon bald auf eigene Rechnung. 1863 stiegen die Partner ins Ölgeschäft ein, das damals zu boomen begann. 1870 gründete er mit mehreren Partnern die Standard Oil Company. Die kleinen, damals im Ölgeschäft tätigen Firmen arbeiteten unrentabel. Er kaufte sie nach und nach auf. 1882 kontrollierte der Standard Oil Trust das gesamte Ölgeschäft von Ohio.

Das Geschäftsgebaren der Rockefellers fiel durch mehr oder wenige legale Absprachen auf. Bereits in den 1880er Jahren mussten sie deswegen schon einzelne Firmenbeteiligungen aufgeben. Die 1890 vom Kongress beschlossenen Anti-Trust-Gesetze waren dann auch eine Reaktion auf die Verhaltensweisen des Ölmonopolisten. Zwanzig Jahre wurde gegen die Standard Oil Company geklagt, bis sie 1906 in 34 Einzelunternehmen zerschlagen wurde. Ihr Börsenwert sank ins Bodenlose. Doch Rockefeller setzte nun sein Vermögen ein und kaufte die Aktien dieser Unternehmen auf. Sein geschäftlicher Spürsinn gab ihm Recht. Die Konjunktur boomte und durch den Ersten Weltkrieg stieg der Ölbedarf weiter an. John D. Rockefeller soll allein an dieser Transaktion 200 Millionen Dollar verdient haben.

Schon 1869 hatte sich John D. Rockefeller aus dem Tagesgeschäft zurückzogen, blieb aber Präsident seiner Firmen. Nun widmete er sich philanthropischen Aufgaben. Dank seines Reichtums konnte er viele Stiftungen in den Bereichen Wissenschaft, Medizin und Gesundheit gründen und unterstützen. Rockefeller starb 97-jährig am 23. Mai 1937. Er wurde auf dem Lake View Cemetery in Cleveland begraben.

REZEPT

Austern Rockefeller

Zutaten

12 große Austern · 100 g Möhre, Sellerie, Lauch
Salz, Pfeffer, Muskatnuss · 4 Eigelb· 1 EL Butter
50 g Sahne· 100 ml Sekt · 1 EL Kerbel

ZUBEREITUNG

1. Die Austern mit der runden Seite nach unten mit einem Austernmesser öffnen.
2. Das Muschelfleisch mit einem Löffel entnehmen, das Muschelwasser auffangen, die unteren Schalenhälften beiseite legen.
3. Die Austern im Muschelwasser 3 Minuten garen.
4. Das Gemüse putzen, in kleine Julienne-Stifte schneiden, in kochendem Wasser blanchieren und kalt abbrausen.
5. Den Sekt mit den Eigelben verrühren und in einem Wasserbad zu einem Sabayon schaumig schlagen, danach die Butter einschlagen, alles mit Salz, Pfeffer und Muskatnuss würzen.
6. Die beiseite gestellten unteren Austernschalen auf ein Blech setzen, am besten auf einem Salzbett stabilisieren.
7. Die steif geschlagene Sahne unter den Sektsabayon rühren und mit klein gehacktem Kerbel vermengen.
8. Auf jede der Muschelschalen etwas von dem Gemüse legen, darauf je eine Auster setzen und etwas Sektsabayon darauf geben.
9. Das Blech in den auf 200 °C vorgeheizten Backofen geben und die Austern unter dem Grill 5 Minuten gratinieren.

Ein Missgeschick mit entflammter Marinade

Prince of Wales (Edward VII 1841 – 1910) · Crêpes Suzette

Diese hauchdünnen Pfannkuchen sind eine köstliche Nachspeise! Es ranken sich verschiedene Geschichten um die Entstehung dieses heute allgemein bekannten Rezepts.

Es waren galante Zeiten, als die Crêpes Suzette aufkamen. Da ist einmal die Geschichte der Comédie Française, auf deren Spielplan Ende des 19. Jahrhunderts ein Lustspiel stand, das sich um Pfannkuchen drehte. Die Hauptdarstellerin, das allseits beliebte Fräulein Suzette, musste bei diesem Stück auf der Bühne ständig Pfannkuchen essen. Das wurde ihr mit der Zeit zu viel. Ein Verehrer der Mademoiselle, der Koch des Restaurants Marivaux neben dem Theater, sah das Elend und hatte Mitleid mit ihr. Er bereitet ihr kleine dünne Pfannkuchen, die er frisch für dieses Stück dem Theater zur Verfügung stellte. Suzette war ihm dankbar und erlaubte dem Koch, seine kleinen Pfannkuchen nach ihr zu benennen – Crêpes Suzette!

Glaubhafter ist die folgende Geschichte, die auch dem eigentlichen Rezept der Crêpes Suzette mit der Flambierung viel näher kommt. Danach befand sich der Prince of Wales und spätere britische König Edward VII. zur Silvesterfeier des Jahres 1896 im Café Monte Carlo in Paris. Der damals 14-jährige Kochlehrling Henri Charpentier war beauftragt worden am Tisch der 18-köpfigen Gästerunde Crêpes zuzubereiten. Doch dann passierte das Unglück. Der Lehrling stieß die kleine Flasche mit dem Orangenlikör neben dem Rechaud an, woraufhin die Flüssigkeit auf den Unterteller auslief, Feuer fing und auf den Teig spritzte. Henri war so geistesgegenwärtig, dass er die dünnen Pfannkuchen faltete, sie in die entflammte Marinade tunkte, noch etwas Likör und Zucker hinzu gab und sie als eine neue Kreation des Hauses servierte. Der Prince of Wales durchschaute schmunzelnd das Manöver. Und als der Lehrling die Pfannkuchen zu Ehren des Prince of Wales als *Crêpes Princesse* bezeichnen wollte, winkte dieser ab. Die neuen Pfannkuchen sollten den Namen seiner Begleiterin tragen – Crêpes Suzette!

Henri Charpentier machte übrigens noch Karriere beim Starkoch Auguste Escoffier und avancierte zum Leibkoch von John D. Rockefeller.

Eine Variante des Geschehens im Café Monte Carlo besagt, dass es sich bei der Begleiterin des Prince of Wales um die berühmte Schauspielerin an der Comédie Française Suzanne Reichenberg gehandelt haben soll, deren Kosename Suzette war …

REZEPT
Crêpes Suzette

Zutaten

50 g Butter · 125 g Mehl · 1 Prise Salz · 5 EL Zucker
350 ml Milch · 2 Eier · 50 ml Mineralwasser (mit Kohlensäure)
100 ml Orangenlikör · 2 unbehandelte Orangen
Fett zum Backen

ZUBEREITUNG

1. Das Mehl mit dem Salz, 1 EL Zucker und 1 EL erwärmter Butter mischen, dann die Milch und die Eier unterrühren und einen glatten Teig kneten, dabei das Mineralwasser und 1 EL Likör einarbeiten.
2. Den Teig mit einem Leinentuch zudecken und eine Stunde gehen lassen.
3. Die Schale von einer Orange abreiben und den Saft beider Orangen auspressen.
4. Fett in der Pfanne erhitzen, dünne Crêpes ausbacken und im Ofen warm halten.
5. Die übrige Butter in der Pfanne erhitzen und den Zucker darin karamellisieren.
6. Den Orangensaft und den Abrieb mit etwas Likör dazu geben und alles zusammen einige Minuten köcheln lassen.
7. Die Pfanne vom Herd nehmen, die Crêpes darin wenden und zweimal falten.
8. Die Crêpes auf Tellern anrichten, den verbleibenden Likör in eine Kelle geben, anzünden und langsam über die Crêpes träufeln.

ANMERKUNG

1. Bei dieser Prozedur das Licht ausmachen – der Effekt ist umso größer!

Typisch englisch – nein, eine deutsche »Erfindung«

Herzog von Cumberland (1845 – 1923) · Johannisbeergeleesauce

Ernst August Wilhelm Adolph Georg Friedrich, Herzog von Cumberland, lebte von 1845 bis 1923. Er war der einzige Sohn des erblindeten und von den Preußen 1866 entmachteten Königs Georg V. von Hannover. Bei der Auseinandersetzung zwischen Preußen und Österreich hatte sich Georg V. für die österreichische Seite entschieden und flüchtete nach der Schlacht von Langensalza am 27. Juni 1866 und der Eroberung von Hannover durch die Preußen ins Exil nach Österreich. Die Preußen einverleibten sich in der Folge das Königreich Hannover, das damit sein Ende fand.

Georg V. entstammte dem Haus der Welfen, die seit 1714 unter Georg I. den britischen Thron innehatten. 1837 erhielt Victoria die britische Königswürde als Nichte des letzten männlichen Vertreters der Welfen Wilhelm IV. auf dem Thron. Da in Hannover nach den dort geltenden Vorschriften eine weibliche Erbfolge ausgeschlossen war, bedeutete dies das Ende der Personalunion zwischen dem Vereinigten Königreich und Hannover. Den Thron in Hannover übernahm 1837 Ernst August I., der noch im Buckingham Palace geboren worden war. Dabei behielt er aber seine bisherigen Titel, so den des Herzogs von Cumberland, die er ja schon vor der Thronbesteigung durch Victoria besaß.

Der Ursprung der Cumberlandsauce lässt sich auf die Geburt von Ernst August 1845 in Hannover zurückführen. Er war derEnkel des Königs und später Thronfolger seines Vaters Georg V., als dieser als Ernst August II. König von Hannover wurde. Aus Anlass der Geburt waren die Hofköche in Hannover aufgefordert worden, etwas Besonderes zu kreieren. Das ist Ihnen mit der pikanten Tafelsauce, der Cumberlandsauce, benannt nach einem der vielen Titel der Könige von Hannover, gelungen – dem des Herzogs von Cumberland. Als Georg V. nach dem Tod seines Vaters im Jahre 1851 gekrönt wurde, wurde Ernst August der Kronprinz von Hannover. Den Titel des Herzogs von Cumberland erbte Ernst August aber erst, als sein Vater 1878 im Exil starb. Da Ernst August im Ersten Weltkrieg auf der Seite der Mittelmächte im Kampf gegen England stand, wurde ihm durch den *Titles Deprivation Act* von 1917 der Titel des Herzogs von Cumberland wieder entzogen. In ihrem Exilort Gmunden im Salzkammergut richteten sich die Welfen wohnlich ein. 1886 bauten sie sich nördlich von Gmunden am Krottensee mit Schloss Cumberland ein repräsentatives Familiendomizil im neugotischen Tudorstil. Heute ist in dem gut erhaltenen Bau eine Krankenheilanstalt eingerichtet.

Eigentlich kommt niemand auf die Idee, dass die Cumberlandsauce eine deutsche Erfindung ist, dies nicht nur wegen ihrer Bezeichnung, sondern weil die Ingredienzen aus Johannisbeergelee, Portwein und Gewürzen auch eher der englischen Küche zuzurechnen sind. Doch seit sie in Kochbüchern auftauchte und auch vom Starkoch Escoffier geschätzt wurde, hat sie längst einen internationalen Bekanntheitsgrad erreicht.

REZEPT
Cumberlandsauce

Zutaten

100 g Johannisbeergelee · 1 Schalotte
1 Orange · 3 EL Rotwein · 2 EL Portwein · 2 EL Senf
Salz, Cayennepfeffer

ZUBEREITUNG

1. Die Schale der Orange abreiben und den Saft auspressen.
2. Die Zwiebel häuten und in Ringe schneiden.
3. Den Wein mit der Hälfte des Orangensaftes, mit den Schalotten und der Schale aufkochen und fünf Minuten köcheln lassen.
4. Die Flüssigkeit durch ein Sieb in eine Schüssel geben.
5. Das Johannisbeergelee, den Senf und den Portwein in der Schüssel zu einer glatten Sauce verrühren und abschließend mit Salz und Pfeffer nach Belieben abschmecken.
6. Cumberlandsauce wird kalt zu Rindfleisch, Wild, Lamm oder Pasteten gereicht.

Die schöne Helena

Auguste Escoffier (1846 – 1935) · Birne Helene

Birne Helene (franz.: *Poire belle Hélène*) ist ein Dessert der französischen Küche, bei dem eine in Zuckerlösung pochierte geschälte Birne mit heißer Schokoladensauce und Vanilleeis gereicht wird. Als Erfinder dieses Nachtischs gilt der französische Meisterkoch Auguste Escoffier (1846 – 1935). Angeregt durch einen Theaterbesuch im Jahr 1870, bei dem Jacques Offenbachs Operette »Die schöne Helena« aufgeführt wurde, kam ihm die Idee zu dieser kulinarischen Köstlichkeit. Fasziniert war er zweifelsohne von der Hauptdarstellerin, wohl weniger wegen ihres Gesangs als vielmehr wegen ihres frivolen und fast hüllenlosen Auftritts – vielleicht spiegelt sich ihre Figur in der Birne wider ... Schade, dass dieser brillante Nachtisch heute meist aus Dosenbirnen dargeboten wird. Das haben weder Escoffier noch Offenbach und seine Sängerin verdient.

Auguste Escoffier wurde 1846 nahe Nizza geboren. Hier machte er eine Kochlehre im Restaurant seines Onkels. Schon mit 18 Jahren arbeitet er in der Küche des Hotels

Bellevue in Nizza, ein Jahr später im Petit Moulin Rouge in Paris. Zum Militärdienst eingezogen, kochte er ab 1866 für den französischen Generalstab. Im Deutsch-Französischen Krieg geriet er 1871 in Gefangenschaft und kochte alsbald im Wiesbadener Kurhaus. Danach arbeitet er wieder in Nizza und Paris und eröffnete 1876 sein erstes Restaurant *Le Faisan doré (Der goldene Fasan)* in Cannes. Doch all das genügte ihm nicht. Er fand weitere Verwendung in Spitzenpositionen der Luxushotellerie. Den entscheidenden Moment bot für ihn das Jahr 1884, in dem er von César Ritz als Küchenchef verpflichtet wurde. Escoffier hatte sich inzwischen internationales Renommee erworben. Seine kulinarische Gefolgschaft folgte ihm in alle Ritz-Hotels in Frankreich, England und Amerika. Doch galt er nicht nur als genialer Koch, sondern gleichfalls als genialer Organisator. Nur eine perfekte Ablauforganisation in der Küche bot die wirtschaftliche Grundlage, perfekt kreierte Menüs punkt- und zeitgenau dem Gast zu servieren. Das von ihm eingeführte Posten-System in der Küche bot die Grundlage hierfür. 1903 veröffentlichte Escoffier sein Grundlagenwerk *Guide Culinaire* (Kochkunstführer), das bis heute ein Standardwerk der Küche und ihrer Arbeitsorganisation ist. Nach weiterer erfolgreicher Tätigkeit zog er sich 1920 aus dem Carlton in London zurück und setzte sich mit seiner Frau Delphine Daffis, mit der er drei Kinder hatte, in Monte Carlo zur Ruhe, wo er auch 1935, zwei Wochen nach dem Tod seiner Frau, als Schöpfer der *Grande Cuisine* starb.

THEMA
Die Posten der Küche

Escoffiers grandiose Organisationsleistung bestand in der Aufteilung einer Restaurantküche in einzelne Abteilungen (Posten). Unter Leitung des Küchenchefs waren spezialisierte Köche für die einzelnen Abteilungen zuständig. Je nach Größe der Küche bieten sich folgende Untergliederungen an:

Der Gardemanger – Zuständig für Salate und Vorspeisen
Der Entremetier – Schwerpunkt Beilagen und Gemüse
Der Saucier – Fleisch und Soßen
Der Poissonier – Fisch
Der Patissier – Desserts

Dazu gibt es noch den Tournant (Springer) der alle Posten beherrschen und immer dann einspringen muss, wenn ein Chef de partie abwesend ist.

Wenn eine Bestellung der Restaurantgäste erfolgt ist, wird diese vom Kellner boniert (in das Kassensystem eingegeben) und der Küche annonciert (= ankündigen). Jetzt weiß jeder Posten Bescheid, welche Beistellungsbestandteile er zubereiten muss. Die Kommunikation zwischen den einzelnen Posten bestimmt die zeitlichen Abläufe, damit alles zeitgleich fertig wird. In dieser Einweisungsphase *Mise en Place* (an den richtigen Ort gestellt) werden die Bestandteile vorbereitet. Dann kommt der Zeitpunkt, an dem alle Bestandteile angerichtet sind. An der Ausgabe führt der Küchenchef die Endkontrolle durch. Dann wird der Service gerufen, der alle Essen gleichzeitig an den Tisch der Gäste bringt. So funktioniert es mit allen Gängen eines Menüs. Bei vielen Bestellungen wird es allerdings stressig. Dann ist Hektik in der Küche angesagt!

REZEPT
Birne Helene

Zutaten

1 unbehandelte Zitrone · 1/2 l Weißwein
150 g Zucker · 4 feste Birnen (Williamsbirne)
100 g Zartbitterschokolade · 150 ml Schlagsahne
4 Kugeln Vanilleeis

ZUBEREITUNG

1. 1/2 Liter Wasser mit dem Weißwein, dem Saft und der dünn abgeschälten Schale der Zitrone und dem Zucker zusammen in einem Topf aufkochen.
2. Die geschälten Birnen in den Sud legen und bei mittlerer Hitze eine Viertelstunde dünsten.
3. Die Birnen im Sud auskühlen lassen.
4. Die Sahne erhitzen und die in Stücke gebrochene Schokolade darin unter Rühren schmelzen.
5. Die Birnen aus dem Sud nehmen und abtropfen lassen.
6. Die Birnen mit je einer Kugel Eis auf einem Dessertteller anrichten, die heiße Schokoladensauce darüber geben und die restliche Schokoladensauce dazu reichen.

Ein »Missgeschick« auf dem Land

Kaiser Franz Joseph I. (1830 – 1916) · Kaiserschmarrn

Ein Teig aus Mehl, Milch, Eiern, Zucker und Salz (Palatschinken) wird in einer Pfanne gebacken, bis die Unterseite fest ist, dann wird die Teigmasse zerteilt und unter Wenden fertig gebacken. Mit Puderzucker bestäubt wird die Mehlspeise dann traditionell mit Zwetschgenröster serviert. Dem österreichischen Kaiser Franz Joseph I. (1830 – 1916) soll Kaiserschmarrn besonders gemundet haben.

Es ranken sich eine Reihe von Legenden um die Herkunft des Kaiserschmarrns und darum, was der Kaiser damit zu tun hat. Die einfachste ist, dass der Kaiser Palatschinken als Nachtisch liebte. Wenn dem Koch die Mehlspeise nicht gelungen war, wurde sie nicht dem Kaiser, sondern dem Personal als »Kaiserschmarrn« gereicht (»A Schmarrn des am Kaiser zu servieren«).

Die vielleicht schönste Geschichte handelt von einer Bäuerin, bei der der Kaiser Unterschlupf suchte, weil er sich auf einer Jagd verlaufen hatte. Sie hatte nur wenige

Vorräte im Haus und zauberte aus Eiern, Milch, Mehl und Früchten ein schmackhaftes Mahl, das dem Kaiser gut schmeckte und für das er die Bäuerin lobte. Die soll bescheiden gesagt haben: »Ach, das ist ja nur ein Schmarrn«. Worauf Franz Josef amüsiert entgegnete: »Ja, aber ein richtiger Kaiserschmarrn«.

REZEPT
Kaiserschmarrn

Zutaten (für 2 Personen)

3 EL Mehl · 3 Eier · etwas Salz · etwas Vanillezucker · 1/2 EL Zucker
125 ML Milch · Rosinen · 1 EL Butterschmalz · Puderzucker

ZUBEREITUNG

1. Mehl in einer Schüssel mit Milch und Salz verrühren, Vanillezucker, Zucker und Eier dazu geben und umrühren.
2. Butterschmalz in einer Pfanne erhitzen, bis sie zerfließt, den Teig dazu geben und die Pfanne mit einem Deckel verschließen.
3. Prüfen, ob der Teig aufgegangen ist, dann umdrehen und mit zwei Gabeln auseinander zupfen, etwas Zucker darüber streuen und ihn zum Karamellisieren noch in der Pfanne belassen.
4. Zum Servieren den Kaiserschmarrn mit Puderzucker bestreuen.

ANMERKUNG

1. Für den traditionell zum Kaiserschmarrn servierten Zwetschgenröster dünstet man Zwetschgen im eigenen Saft und würzt das Kompott mit Zitrone, Zimt, Nelken und Zucker nach Belieben.

Die bekannteste aller Pizzen

Königin Margarethe (1851 – 1926) · Pizza Margherita

Die wohl bekannteste aller Pizzen, die Pizza Margherita, gibt es seit dem späten 19. Jahrhundert. Als Italiens König Umberto I. mit Königin Margherita 1889 auf Staatsbesuch in Neapel weilte, bestellte Margherita beim Pizzabäcker Raffaele Esposito drei Pizzen. Eine davon belegte Raffaele mit roten Tomatenscheiben, weißem Mozzarella und grünem Basilikum, den italienischen Nationalfarben. Diese Pizza gefiel Margherita so gut, dass sie an den Pizzabäcker ein Dankesschreiben richtete. Das Dankesschreiben hängt bis heute in der Pizzeria Brandi in Neapel.

Doch ganz richtig ist die Geschichte nicht. Später stellte sich heraus, dass die Königin zuvor auch von anderen Bäckern Pizzen mit verschiedenen Belägen in ihren Palast bestellt hatte. Doch Raffaele Esposito war der einzige, der das königliche Antwortschreiben aufbewahrt hatte. Übrigens haben italienische Auswanderer die Pizza in Amerika populär gemacht. Die erste Pizzeria in Deutschland wurde 1952 in Würzburg eröffnet.

REZEPT
Pizza Margherita

Zutaten

350 g Mehl · 7 g Trockenhefe · 1 TL Zucker · Salz
1 EL Olivenöl · 250 ml warmes Wasser · 400 g passierte Tomaten
2 gepresste Knoblauchzehen · 1 Bund Basilikum · 2 EL Tomatenmark
100 g Mozzarella · 4 EL geriebener Parmesan

ZUBEREITUNG

1. Die Hefe und den Zucker mit 4 EL Wasser vermengen und 15 Minuten ruhen lassen.
2. Das Mehl zusammen mit dem Salz in eine Schale geben, Olivenöl, Hefe und das restliche Wasser dazu geben und den Teig kneten.
3. Den Teig auf eine bemehlte Arbeitsfläche legen und für weitere fünf Minuten kneten.
4. Den Teig in die Schale zurücklegen, mit einem Tuch bedecken und ruhen lassen, bis er doppelt so groß ist.
5. Dann den Teig dünn auf einem Blech verteilen.
6. Die Tomaten, den Knoblauch und das Basilikum mit Olivenöl vermengt 20 Minuten in einem Topf einkochen, dann das Tomatenpüree hinzufügen und die Soße abkühlen lassen.
7. Den Teig mit der Tomatensoße bestreichen, den Mozzarella in Scheiben schneiden und auf dem Teig verteilen.
8. Die Pizza mit Parmesan bestreuen und im vorgeheizten Ofen bei 200 °C ca. 20 Minuten backen und abschließend mit einigen Blättern Basilikum garnieren.

Nicht 1000 Inseln, sondern 1000 Zutaten

George C. Boldt (1851 – 1916) · 1000 Island Dressing

Grundbestandteil dieses Dressings ist Mayonnaise, die mit fein gehackten roten Paprikaschoten vermengt, mit Paprikapulver angereichert und mit Tabasco geschärft wird. Von diesem Grundrezept gibt es beliebige Variationen, so mit Ketchup bzw. Tomatenmark, Zwiebeln, Mixed Pickles, Oliven oder Eiern.

Die Geschichte des Tausend-Insel-Dressings spielt in der kanadisch-US-amerikanischen Grenzregion am Übergang des Ontariosees zum Sankt-Lorenz-Strom, die wegen der vielen Inseln im Gewässer als Thousand Islands bezeichnet wird. Schon seit Ende des 19. Jahrhunderts war sie eine viel besuchte Urlaubsregion für betuchte Kanadier und Amerikaner. Das imposanteste Feriendomizil ist das von George C. Boldt, dem Betreiber des Waldorf-Astoria-Hotels. Einheimische Fischer schufen sich einen lukrativen Nebenjob, indem sie für die reichen Ferienhausbesitzer Angelpartien auf Barsche und Hechte mit einem abschließenden Grillfest ausrichteten.

George LaLonde Jr. zählte zu diesen Angel-Animateuren. Der Zufall wollte es, dass bei einem seiner Angelausflüge die Schauspielerin und Kochbuchautorin May Irwin mit von der Partie war. Georges Ehefrau Sophia hatte für das Essen zu Fisch, Fleisch und Salaten schnell noch ein Dressing gemixt, dasMay Irwin so gut gefiel, dass sie um das Rezept bat. Das war nicht einfach, denn Sophia hatte alles aus dem Ärmel geschüttelt, aber in Grundzügen teilte sie es May Irwin mit.

May Irwin war längst eine Broadway-Größe und betrieb das Kochen als Hobby. Ihr berühmtestes Kochbuch »May Irwin's Home Cooking« war ein Standardwerk seiner Zeit. Und natürlich stand sie in Kontakt zur New Yorker Highsociety, die sich in den Luxushotels der Stadt traf. In ihrer Begeisterung gab sie das Dressingrezept von Sophia Lalonde an George C. Boldt vom Waldorf-Astoria-Hotel weiter. Dieser war gleichermaßen begeistert von dem Thousand-Island-Dressing, wie May Irwin es nannte. Boldt wies seinen weltberühmten Maitre d'hôtel Oscar Tschirky an, dieses Dressing von den 1000 Inseln sofort auf die Speisekarte des Hotels zu setzen. Damit hatte das Rezept durch George C. Boldt Eingang in die hohen Hallen der Spitzen-Gastronomie gefunden.

THEMA
George C. Boldt

Georg Karl Boldt lebte den amerikanischen Traum. Er wurde 1851 in Bergen auf Rügen geboren und wanderte 1864 in die Vereinigten Staaten aus. Von nun an nannte er sich George C. Boldt. Sein erster Job war der eines Küchengehilfen in einem New Yorker Hotel. Hier arbeitete er sich hoch und wurde 25-jährig von seinem zukünftigen Schwiegervater mit der Küchenführung von Philadelphias exklusivstem Gentlemen's Club betraut. 1881 war Boldt Hotelbesitzer in Philadelphia. 1902 baute er dort ein 1.000-Betten-Hotel der Spitzenklasse. Als die beiden verfeindeten Astor-Cousins in New York je ein Superhotel errichteten, gelang es Boldt, Frieden zwischen den beiden zu stiften und die beiden Hotels in der Waldorf-Astoria-Gesellschaft zusammenzuführen, deren Präsident er wurde.

Auf Heart Island errichtete Boldt für seine Frau und sich einen imposanten Altersruhesitz im Stil der Rheinromantik. Als das Boldt Castle mitten im Bau war, starb seine Frau 1904 plötzlich. Er ließ den Weiterbau sofort einstellen und das Schloss verfiel. Inzwischen hat es die kanadische Regierung aufgekauft und zu einer der größten Attraktionen in der Tausend-Inseln-Region ausgebaut.

REZEPT
Thousand-Island-Dressing

Zutaten (für 4 Portionen)

150 g Mayonnaise · 80 g rotes Paprikapulver · 1 Schalotte
1 Gewürzgurke aus dem Glas · 1 EL Tomatenmark · 1 EL Zitronensaft
1 TL Worcestershiresauce · Salz, Cayennepfeffer

ZUBEREITUNG

1. Paprika putzen, entkernen und in kleine Würfel schneiden, Schalotte schälen und fein hacken und auch die Gurke fein hacken.
2. Mayonnaise, Ketchup, Zitronensaft und Worcestersauce miteinander verrühren.
3. Paprika und Schalotte zugeben, mit Salz und Cayennepfeffer würzen.
4. Das Dressing mit Gurkenwasser aus dem Glas abschmecken.

Der Pfirsich der »Australischen Nachtigall«

Nellie Melba (Helen Mitchell, 1861 – 1931) · Pfirsich Melba

Nellie Melba, die »australische Nachtigall«, wurde als Helen Mitchell 1861 in Melbourne geboren und starb 1931 in Sydney. Sie war eine außergewöhnliche Opernsängerin und feierte weltweit als Koloratursopranistin mit ungewöhnlich großem Stimmumfang Erfolge in Opern von Verdi, Rossini, Gounod, Puccini, Leoncavallo und auch Wagner. Ihren Künstlernamen Melba nahm sie in Erinnerung an ihre Geburtsstadt an. Ihre Familie war schottischen Ursprungs, ihr Vater, von Beruf Baumeister, wanderte 1852 nach Australien aus. Nellie besuchte eine Privatschule, wo ihre außergewöhnliche Stimme auffiel. Sie begann Gesangsunterricht zu nehmen. 1880 zog die Familie nach dem frühen Tod der Mutter nach Queensland. Dort lernte sie ihren Mann, Charles Nesbitt Frederick Armstrong (1858-1948) kennen. Das Paar bekam 1883 den Sohn George. Doch war die Ehe nicht glücklich und wurde schon im Folgejahr geschieden. Nellie zog wieder bei ihrer Familie ein und folgte ihr 1886 zurück nach Europa. Nun arbeitete sie intensiv an ihrer musikalischen Karriere. In Paris hatte sie das Glück, auf Mathilde Marchesi (eigentlich Mathilde Graumann 1821 – 1913) zu treffen, eine Opernsängerin und Musikpädagogin, unter deren Anleitung Nellies Stimme professionell ausgebildet wurde. Es war Mathilde Marchesi, die den Grundstein für Nellies spätere Karriere legte.

1887 gab Nellie Melba ihr Bühnendebüt in Brüssel, ein Jahr später im Royal Opera House Covent Garden London und dann in Paris, 1890 in Petersburg und 1893 in der Mailänder Scala. London, Mailand und New York gehörten neben Paris zu ihren wichtigsten Auftrittsorten. Doch am innigsten verbunden blieb sie Covent Garden in London, wo sie in über zwanzig Jahre immer wieder auftrat – hier war sie die ungekrönte Königin. 1918 wurde sie, auch wegen ihrer karitativen Einsätze während des Ersten Weltkriegs, in den Adelsstand erhoben und war fortan Dame Nellie Melba. 1926 gab »La Melba« ihre Abschiedsvorstellung London in Anwesenheit der britischen Königsfamilie, um sich dann als Direktorin des Konservatoriums von Melbourne von der aktiven Opernsängerei zurückzuziehen.

Dame Nellie Melba pflegte aus Anlass ihrer legendären Auftritte in Covent Garden im nahe gelegenen Savoy Hotel zu nächtigen. Hier war kein anderer als Auguste Escoffier Meisterkoch des Hauses. Er war im Jahr 1892 von ihrem Auftritt in Wagners »Lohengrin« derart begeistert, dass er für sie einen besonderen Nachtisch kreierte – einen enthäuteten Pfirsich, dargeboten mit Vanilleeis, überzogen von einem Schleier an Himbeerpüree und serviert auf einem aus Eis gehauenem Schwan, der den mythischen Schwan aus dem 1. Akt »Lohengrin« symbolisierte. Nellie Melba war von diesem Dessert derart begeistert, dass sie ihm die Erlaubnis gab, es zukünftig als »Pêche Melba« auf die Karte zu setzen. Und später, als sie im Alter in Australien große Gesellschaften gab, soll sie jedes Essen mit einem »Pfirsich Melba« beendet haben.

REZEPT
Pfirsich Melba

Zutaten (für 6 Portionen)

6 Pfirsiche · 250 g frische Himbeeren

150 g Puderzucker · 2 EL Zucker

1 L Vanilleeis

ZUBEREITUNG

1. Die Pfirsiche in Eiswasser tauchen, damit man sie leichter enthäuten kann.
2. Himbeeren mit dem Puderzucker zu einem Püree verrühren und kalt stellen.
3. Die enthäuteten Pfirsiche einzeln in Zucker wälzen und kalt stellen.
4. Das Vanilleeis in Eisbecher füllen, jeweils einen Pfirsich obenauf setzen und mit Himbeerpüree überzogen servieren.

Vom berühmten Koch des Waldorf Astoria Hotel

Oscar Tschirky (1866 – 1950) · Waldorfsalat

Der amerikanische Zweig der Familie Astor hat seine Wurzeln im kurpfälzischem Walldorf südlich von Heidelberg. Im Dorf lebte Johann Jakob Astor (1724 – 1816) als Metzger. Aus zwei Ehen hatte er zwölf Kinder, zu viele, um alle satt zu bekommen. Sein gleichnamiger, 1763 geborener Sohn wanderte mit drei älteren Brüdern zunächst nach London aus. Er machte eine Lehre im Musikalienhandel seines Bruders und schiffte sich mit dem dort verdienten Geld nach Amerika ein, das er 1783 erreichte. Hier stieg er bald in den Pelzhandel ein, der ihn schon nach einigen Jahren reich machte. Mit seinem Vermögen widmete er sich Immobiliengeschäften und erwarb vor allem Grundstücke in und um New York, was ihn zum Multimillionär machte. Nach seinem Tod 1848 wurde nicht sein kränkelnder ältester Sohn Johann Jacob II., sondern sein zweitgeborener Sohn William Backhouse Astor sen. (1792 – 1875) sein Haupterbe. Dieser indes *»erwies sich als frömmelnde Rechenmaschine und kleinlicher Haustyrann«* [Zitat aus: Katja Doubek: Die Astors.

Glanz und Elend einer legendären Gelddynastie, München 2009]. Doch erbte er nicht nur den Reichtum seines Vaters, sondern auch noch den seines kinderlos gestorbenen Onkels Henry Astor. Mit 50 Millionen Dollar Besitz war er damals der reichste Amerikaner. Erbe wurde sein ältester Sohn Johann Jacob Astor III. Er war es, der am heutigen Platz des Empire State Buildings den ersten Familiensitz errichten ließ.

William Backhouse Astor jun., der Bruder von Johann Jacob Astor III., war Miterbe des väterlichen Vermögens, aber überließ seinem Bruder die Geschäftsführung. Er widmete sich lieber philanthropischen Aktivitäten und betätigte sich wirtschaftlich in Florida. Nach seinem Tod 1892 wurde sein 1864 geborener Sohn Johann Jacob Astor IV Familienerbe. Er starb auf der Titanic, als diese am 15. April 1912 sank.

William Waldorf Astor, 1848 geboren, war der einzige Sohn von Johann Jacob III. Nach dessen Tod 1890 begann William Waldorf am Standort des Familiensitzes mit dem Bau des Waldorf Hotels, das 1893 als 13-stöckiger Luxusbau entstand. Später wurde es mit dem von seinem Neffen Johann Jacob IV. benachbart errichteten und gleichermaßen luxuriösen Astoria-Hotel zum Waldorf-Astoria Hotel zusammengeschlossen. Beide Gebäude wurden 1929 zugunsten des dort errichteten Empire State Building abgerissen. Die Familie hatte ihre Hotels längst verkauft. Das neue Waldorf Astoria Hotel entstand 1931 an der Park Avenue in New York.

Dem Waldorf Astoria Hotel und seinen Besitzern verdankt die Nachwelt den Waldorfsalat. Kreiert wurde er von Oscar Tschirky (1866-1950), dem langjährigen Maître d'hôtel in diesem Hotel. Oscar stammte gebürtig aus der Schweiz und wanderte 1883 nach New York aus, wo sein Bruder schon im Hotelgewerbe arbeitete. Seine Karriere begann er als Tellerabräumer. Er stellte sich so geschickt an, dass ihm bald verantwortlichere Aufgaben übertragen wurden. Nach weiteren Arbeitsstationen bewarb er sich auf Empfehlung bei George Boldt, dem Betreiber des noch zu eröffnenden Waldorf Hotels, um die Stelle des Maître d'hôtel, der ihn auch einstellte. Schon die Eröffnungsfeier im Jahr 1883 mit 2.000 Gästen bestand er meisterlich. Später wurde er für die von ihm organisierten Veranstaltungen so bekannt, dass er auch offiziell als »Oscar of the Waldorf« tituliert und von der Haute Vaulé mit »Oscar« angesprochen wurde. Erst 1950 zog er sich von seiner Arbeit im Waldorf Astoria Hotel zurück. Wenig später, noch 1950, starb »Oscar«. Die Fahnen des Waldorf Astoria Hotels wehten noch lange auf Halbmast.

Auf Oscar Tschirky gehen eine Vielzahl von außergewöhnlichen Gerichten zurück, so neben dem »Kalbfleisch Oscar« vor allem der »Waldorfsalat«, ein Salat aus Äpfeln, Sellerie und Zitronensaft in Mayonnaisensauce. Das Rezept hierfür hat er in seinem 1896 erschienen » *The Cook Book By «Oscar» of the Waldorf*« der Nachwelt hinterlassen. Heute noch erinnert das Restaurant »Oscar's at the Waldorf Astoria« im Waldorf Astoria Hotel an ihn.

REZEPT
Waldorfsalat

Zutaten (für zwei Personen)

1 kleine Sellerieknolle · 1 Portion Mayonnaise
2 Boskoop-Äpfel · 200 g Walnüsse · 3 EL Zitronensaft
Pfeffer, Salz

ZUBEREITUNG

1. Die Walnüsse hacken, Sellerie schälen, in Juliennestreifen schneiden und mit der Hälfte des Zitronensafts vermengen.
2. Die Äpfel schälen, das Kerngehäuse entfernen, gleichfalls in Juliennestreifen schneiden und mit der anderen Hälfte des Zitronensafts vermengen.
3. Die Zutaten in einer Schüssel mit der Mayonnaise verrühren, mit Salz und Pfeffer abschmecken und alles eine gute Stunde ziehen lassen.
4. Abschließend den Salat mit Baguettescheiben servieren.

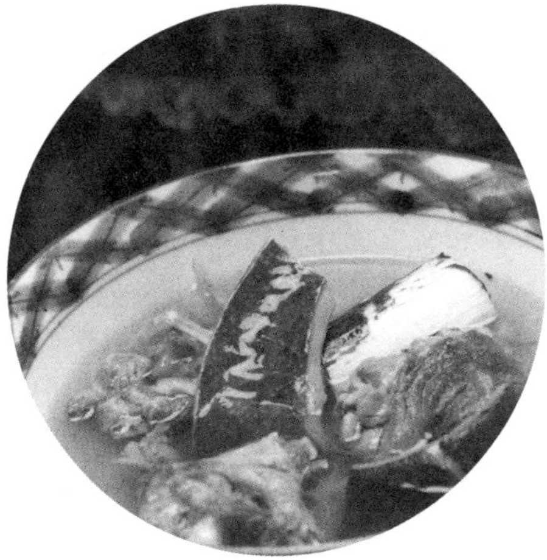

Sehr fein, aber nicht mehr erlaubt

Lady Curzon (Mary Victoria Leiter, 1870 – 1906) · Schildkrötensuppe

Schildkröten dienten den Mannschaften der Segelschiffe der Kolonialzeit als lebender Proviant. Sie wurden gefangen, an Deck gehalten und jeweils geschlachtet, wenn es erforderlich war, denn die Tiere konnten lange ohne Futter auskommen. Der Verzehr von Schildkröten war vor allem bei den englischen Seeleuten des 18. und 19. Jahrhunderts auf ihren langen Fahrten eine willkommene Abwechslung zum sonstigen Pökelfleisch. So zog die Suppe aus Schildkrötenfleisch auch in die englische Küche ein.

Die klassische Art der Schildkrötensuppe besteht aus einer klaren Brühe aus dem Fleisch der Suppenschildkröte und von Rindern bzw. dem Kalbsfuß. Sie wird mit einer speziellen Kräutermischung gewürzt, deren Bestandteile Basilikum, Bohnenkraut, Lorbeer, Majoran, Pfeffer, Rosmarin, Salbei, Thymian und Petersilie sind. Gern kommt auch abgeriebene Zitronenschale hinzu. Zum Servieren wird das fein gewürfelte Schildkrötenfleisch dazu gegeben.

Bei der nach Lady Curzon benannten Variante der Schildkrötensuppe wird diese mit Sherry oder Madeira aromatisiert, mit einer Sahnehaube versehen, mit Curry gewürzt und gratiniert. Seit 1988 steht die Suppenschildkröte nach dem Washingtoner Artenschutzabkommen unter internationalem Schutz – und somit kann die Schildkrötensuppe nicht mehr angeboten werden. Insofern gibt es an dieser Stelle auch kein Rezept dazu.

THEMA
Mary Curzon, Baroness Curzon of Kedleston

Mary Victoria Leiter war die 1870 geborene Tochter eines amerikanischen Geschäftsmannes aus Washington. Auf Europareisen wurde sie in die englische Gesellschaft eingeführt und heiratete 1895 den 35-jährigen Sir George Nathaniel Curzon, Mitglied des Parlaments, der 1899 zum Generalgouverneur und Vizekönig von Indien ernannt wurde. Das Ehepaar lebte seither in Bombay (= Mumbai) und Kalkutta und hatte drei Töchter. Als Erklärung für ihre Version der Schildkrötensuppe bietet sich ihre mögliche Rücksichtnahme auf muslimische Würdenträger an, die ihr Gatte zu festlichen Anläsen einlud. Durch die Sahnehaube und den Currygeruch, der sich durch das Gratinieren noch intensiviert, wird der Alkoholgeruch überdeckt. Andererseits wird behauptet, dass sie auf diese Weise ihre Alkoholsucht verdeckte, denn angeblich ließ sie sich gerne ein Tässchen Suppe nachreichen.

Lady Curzon starb 1906 in London an den Folgen einer Fehlgeburt

Diese Torte macht ein Provinznest berühmt

Père Tatin (1898) · Tarte Tatin

Noch nicht einmal 5.000 Einwohner weist der beschauliche Ort Lamotte-Beuvron in der französischen Provinz südlich von Orléans auf. Hier hatte Père Tatin gegenüber dem Bahnhof an der neu gebauten Eisenbahnlinie nach Paris sein Hôtel Tatin et Terminus errichtet. Lamotte-Beuvron liegt inmitten der waldreichen Landschaft der Sologne, ein von Pariser Jagdgesellschaften gern aufgesuchtes Ziel. Zum Abschluss einer Jagd nahmen die Herren gern ein Menü im Hôtel Tatin et Terminus zu sich.

Père Tatin hatte längst das Hotel seinen Töchtern, den Demoiselles Stéphanie und Caroline, vermacht. Schwester Caroline sorgte für den Service, Schwester Stéphanie organisierte die Küche. Was genau an jenem denkwürdigen Tag des Jahres 1898 geschah, lässt sich heute nur noch schwer rekrutieren. Die etwas schusselige Stéphanie wollte zum Dessert einen Apfelkuchen anbieten. Wahrscheinlich trug es sich dergestalt zu, dass sie den Herd anmachte, die von ihr zugeschnittenen Äpfel aus Versehen ohne Teigboden in ihre übliche Butter- und Zuckermischung in die Backform schichtete. Dann kam eine neue Anforderung aus dem Restaurant, und sie vergaß ihren Kuchen. Erst der verbrannte Karamellgeruch erinnerte sie an die Äpfel, die nun für den Kuchen nicht mehr zu gebrauchen waren. In ihrer Panik rollte sie den von ihr schon vorbereiteten Teig über die Äpfel. So buk sie die Tarte verkehrt herum fertig und stürzte sie anschließend. Die Restaurantgäste waren begeistert. Als dann der Gastronomiekritiker Maurice-Edmond Sailland, bekannt unter seinem Pseudonym Curnonsky, in seiner in den 1920er Jahren erschienenen Buchreihe über die Küche der französischen Provinzen das Rezept für »La Tarte des Demoiselles Tatin« aufnahm, das Restaurant Maxim's es gar auf seine Speisekarte setzte, war es international bekannt. Übrigens gibt es das Hôtel Tatin heute noch in der Avenue de Vierzon in Lamotte-Beuvron, und der alte Backofen steht auch noch in der Bar des Hotels.

Für die Zubereitung einer Tarte Tatin ist die Auswahl der richtigen Apfelsorte wichtig. Es müssen feste Früchte sein, denn man muss sie für die Tarte ja in dünne Scheiben schneiden. Zu empfehlen sind die Sorten Elstar, Pink Lady oder Boskoop. Als Teig wird traditionell Mürbeteig verwendet. Und die Backform muss leicht zu stürzen sein. Am besten nimmt man eine beschichtete Form, aus der sich die Tarte leicht löst.

REZEPT
Tarte Tatin

Zutaten

200 g Mehl · 3 EL Puderzucker · Salz
1 Ei · 100 g Butter

Für den Karamell

750 g feste Äpfel · 125 g Puderzucker
2 EL Zitronensaft · 125 g Butter

ZUBEREITUNG

1. Den Teig aus Mehl, Puderzucker, Salz, Ei, 2 EL kaltem Wasser und Butterflocken bereiten, kneten und anschließend zu einem glatten Teig verarbeiten, flach drücken, in Folie einpacken und eine halbe Stunde kalt stellen.
2. Die Äpfel schälen, vierteln, entkernen, in dünne Spalten schneiden und mit dem Zitronensaft beträufeln.
3. In einer geeigneten Tarte-Tatin-Form den Puderzucker mit 5 EL Wasser zu einem goldgelben Karamell erhitzen, die Butter stückweise unter ständigem Rühren hineingeben, die Apfelspalten kreisförmig in die Form geben und noch bei schwacher Hitze wenige Minuten dünsten. Den Teig auf einer mehlierten Unterlage kreisförmig ausrollen, auf die Form legen und den Rand nach innen stecken.
4. Die Tarte in einem auf 200 °C vorgeheizten Ofen 35 Minuten backen und 10 Minuten auskühlen lassen.
5. Abschließend einen Kuchenteller auf die Form drücken und beides mit Schwung umdrehen – fertig ist die Tarte Tatin!

ANMERKUNG

1. Um den Teigrand in der Form nach innen zu stecken, benutzt man am besten einen Holzlöffel.

Aus der Not geboren

Cesare Cardini (1896 – 1956) · Caesarsalat

Cesare Cardini war zunächst in Italien in der Gastronomie tätig und wanderte in den 1920er Jahren zusammen mit seinen Brüdern Alessandro und Caudencio nach Amerika aus. Caesar, wie er sich nun nannte, betrieb ein Restaurant in Sacramento und zog dann nach San Diego. Während der Prohibitionszeit in den Vereinigten Staaten betrieb er ein weiteres Restaurant in Tijuana – »Caesar's Place« – mit seinem Bruder Alex (Alessandro). Dort der Alkoholausschank legal und deswegen kamen die Gäste über die Grenze.

Als seine Tochter nach Caesars Tod zum Ursprung des Salats gefragt wurde, erklärte sie: Am 4. Juli 1924, dem amerikanische Nationalfeiertag, war der Ansturm an Restaurantgästen so groß, dass die Küchenvorräte ausgingen. Darauf habe Caesar beschlossen, aus den vorhandenen Resten einen Salat zu konzipieren, den er den Gästen einfach als »Caesar Salad« anbot. Der Salat kam so gut an, dass er fortan immer auf der Speisekarte stand und wegen der dahinter stehenden Geschichte überregionales Interesse fand.

1927 zog Caesar Cardini mit seinem Betrieb in das von ihm neu gegründete »Hotel Caesar« um. 1935 wechselte er nach Los Angeles, wo er sich ganz auf den Vertrieb der von ihm kreierten Salatsaucen konzentrierte. Er starb am 3. November 1956 an den Folgen eines Schlaganfalls. Seine Tochter führte das Unternehmen weiter, verkaufte es aber später mitsamt der Markenrechte. Das original »Caesar Cardini's Dressing« gibt es bis heute.

REZEPT
Caesar Salad

Zutaten (für 4 Portionen)

1 großer Kopf Romanasalat· 50 g frisch geriebener Parmesankäse
3 Scheiben Toastbrot · Öl · 1 Knoblauchzehe

Für das Dressing

1 Ei · 3 fein geschnittene Knoblauchzehen· 4 Sardellenfilets · 2 TL scharfer Senf
Saft 1/2 Zitrone · 150 ml neutrales Öl · Pfeffer

ZUBEREITUNG

1. Die Zutaten zum Dressing, zunächst ohne das Öl, in ein Gefäß geben und mit dem Pürierstab aufschlagen, dann das Öl unter ständigem Pürieren langsam einlaufen lassen, bis das Dressing cremig ist.
2. Das Toastbrot in Würfel schneiden und in der Pfanne mit Öl und der fein gehackten Knoblauchzehe zu Croûtons rösten.
3. Den Romanasalat putzen, in mundgerechte Streifen schneiden und auf Salatteller geben.
4. Das Dressing über den Salat geben und mit Parmesankäse und den Croûtons bestreut servieren.

Aus Bruchkeks gezaubert

Josef Nickerl (1905) · Zaunerstollen

Josef Nickerl war um die Wende zum 20. Jahrhundert Pâtissier bei der Konditorei Zauner im österreichischen Bad Ischl. Zuvor war er im berühmten Karlsbader »Hotel Pupp« beschäftigt gewesen und hatte sich mit allerbesten Zeugnissen bei Viktor Zauner, dem damaligen Besitzer der Konditorei Zauner, vorgestellt. Aus Karlsbad hatte er das Rezept für die »Karlsbader Oblaten« mitgebracht. Dies war eine Süßware, die aus zwei mit einer Masse aus Zucker und Mandelsplittern zusammengeklebten Oblaten bestand. Diese wurden nun auch in Ischl hergestellt. Der bei der Herstellung entstandene Bruch aus den spröden Oblaten wurde nicht weiter verwendet. Dies war dem ökonomisch denkenden Pâtissier ein Dorn im Auge. Er zerbröselte den Oblatenbruch und vermischte ihn mit Nougat zu Kindermakronen. Die Nachfrage war groß, die Bitte der Kinder nach den »Nickerl-Batz« immer öfter zu hören. Doch das Gebäck kam auch bei Erwachsenen an. Dies spornte Nickerl an, das Gebäck weiter zu entwickeln. Er versuchte es mit neuen Formen, etwa als Törtchen, Rollen oder Kugeln. Am besten geriet die Masse in einer länglichen Kuchenform. Daraus ließ sie sich gut in dicke Scheiben schneiden, die auf der Zunge zerschmolzen. Einzig die Darreichungsform gefiel Viktor Zauner noch nicht. So kam Josef Nickerl auf die Idee, die getrocknete Masse mit Schokoladenkuvertüre zu überziehen. So waren die »Zaunerstollen« im Jahr 1905 geboren!

REZEPT
Zauner Stollen

Zutaten

250 g Zartbitterschokolade · 250 ml Sahne · 125 g Haselnüsse
125 g Zauner Oblaten (die »Karlsbader«) · 2 EL Brauner Zucker
150 g Kuvertüre · 1 EL Kokosfett

ZUBEREITUNG

1. Die Schokolade mit der Sahne unter Rühren erhitzen und dann beiseite stellen.
2. Den Ofen auf 200 °C heizen und die Haselnüsse darin rösten, bis die Häute abplatzen – zur Vorsicht die Nüsse noch mit einem Tuch abreiben.
3. Oblaten und Haselnüsse zerkleinern, mit dem Zucker vermischen, unter die gekühlte Schokoladenmasse mischen und einen Tag kalt stellen.
4. Die Kuvertüre im Wasserbad schmelzen und das Kokosfett untermischen.
5. Die Kuvertüre über den Stollen ziehen und abhärten lassen
6. Dicke Scheiben vom Zaunerstollen werden am liebsten mit geschlagener Sahne serviert.

LITERATURVERZEICHNIS

1. Annette Epp: Gerichte und ihre Geschichte – Kulinarische Zeitreisen, München 2005

2. Herbert Frauenberger: Ostdeutsche Rezepte mit Geschichte, Berlin und München 2017

3. Barbara und Hans Otzen: Das Kartoffelbuch – Geschichte und Geschichten, Königswinter 2005

4. Regionalia Verlag (Hrsg): Mit dem Kochlöffel durch die Geschichte – 50 historische Kochrezepte aus zwei Jahrtausenden, 4 Aufl., Daun 2019

5. Heidi Reichlmayr: Gerichte, die Geschichte machten, Wien und München 1979

6. Alfons Schubeck: Gerichte mit Geschichte – 100 berühmte Klassiker neu entdeckt, München 2005

7. Denise Snieguolė Wachter: Wer der Pizza zum Welthit verhalf – und wie ein Salat ein Hotel berühmt machte, Stern Plus, 11.6.2021

8. Ilse Fischer und Tobias Müller: Gerichte mit Geschichte – legendäre Rezepte und ihre Erfinder, www.falstaff.at/nd/gerichte-mit-geschichte-legendaere-rezepte-und-ihre-erfinder, 9.12.2016

Ebenfalls im Regionalia Verlag erschienen:

Gehen Sie auf eine genüssliche Reise durch 1000 Jahre keltische Küchengeschichte! Der Autor hat sich im Rahmen eines wissenschaftlichen Projekts auf die Suche nach der authentischen , belegbaren keltischen Küche gemacht – und ist fündig geworden! Mit diesem Kochbuch lädt er zum Nachkochen ein: Erleben Sie die handfeste, regionale, saisonale Küche der Kelten.

Der kleine Keltenkessel – Kochen wie die Kelten
ISBN 978-3-95540-367-6
128 Seiten • 16,5 × 19,8 cm • Hardcover

Pfiffig, satirisch, nachdenklich und mitunter verblüffend aktuell, vermitteln die Sprüche in diesem Buch ein buntes Bild des Mittelalters. Quelle ist die Spruchsammlung des Dichters Freidank, übersetzt von Karl Simrock, neu bearbeitet und kommentiert von Walter Hansen.

Wo der Esel ist gekrönt, dort wird das ganze Land verhöhnt
Weise und flotte Sprüche aus dem Mittelalter
ISBN 978-3-95540-340-9
128 Seiten • 16,5 × 19,8 cm • Hardcover